Margret Steenfatt

Ich, Paula

Margret Steenfatt

Ich, Paula

Die Lebensgeschichte der Paula Modersohn-Becker

Margret Steenfatt, geboren 1935, lebt als freie Schriftstellerin in Hamburg. Sie veröffentlichte Erzählungen, Fernsehfilme und Jugendromane, darunter den im Programm Beltz & Gelberg erschienenen Roman »Liebe in jeder Beziehung«.

14. Auflage, 1997

Programm Beltz & Gelberg, Weinheim

Lektorat Cornelia Krutz-Arnold
Einband und Reihenlayout von Wolfgang Rudelius
Titelbild von Willi Glasauer
Gesamtherstellung
Druckhaus Beltz, 69494 Hemsbach
Printed in Germany
ISBN 3 407 80738 4

Vorwort

Paula Becker hat sich keinen eigenen Namen machen können. Noch heute wird sie in Kunstkreisen Paula Modersohn, Paula Modersohn-Becker oder Paula Becker-Modersohn genannt. Wer Paula Beckers Werke ausstellt, wer über Paula Becker schreibt, hängt ihr den bekannten Namen ihres Mannes Otto Modersohn an.*

Persönliche Briefe und Tagebücher, selbst aus der Zeit vor ihrer Heirat, werden unter »Paula Modersohn-Becker« veröffentlicht.

Der Name Modersohn wiederum hängt eng mit der Landschaft Worpswede zusammen, so daß Paula Becker anscheinend unlösbar an einen Menschen und einen Lebensraum gekettet gewesen ist.

Der freundliche Druck einer liebevollen Familie hat Paula Becker im Verlauf ihres Lebens immer wieder bewogen, die ihr als Frau von der Gesellschaft bestimmten Grenzen nicht zu überschreiten.

Dieses Buch ist der Versuch, Paula Beckers Lebensweg entlangzugehen und überall dort haltzumachen, wo die Malerin Grenzüberschreitungen gewagt und sich insgeheim doch ihren Namen gemacht hat.

---

* Um 1913 macht Heinrich Vogeler Otto Modersohn den Vorschlag, Paulas Radierungen in Japan drucken und durch Modersohn signieren zu lassen, etwa so: für P. M. B. – Otto Modersohn. Die Preise sollte man verdoppeln.

»... im Hause ist sie nur ein muffiges Wesen, das vielleicht ganz hübsch Blumen vertheilt ...«

Bei Paula Beckers Geburt am 8. Februar 1876 war das deutsche Reich* unter Kaiser Wilhelm I. und Reichskanzler Bismarck fünf Jahre alt, ein Staat, der von Männern regiert und verwaltet wurde. Das Idol, zu dem alle aufblickten, war der deutsche Offizier. Er stammte überwiegend aus Adelskreisen und nahm im Staat den höchsten Rang ein.
Ungünstige Bedingungen für Menschen, die als Mädchen geboren wurden. Falls sie einem der höheren Stände entstammten, konnten sie nach der herrschenden Ordnung der schöne Rahmen für den Helden in Uniform, die Rose im Knopfloch des Staatsbeamten sein; sie durften nicht wählen und nicht gewählt werden, und der einzige Bereich, in dem sie regieren durften, war der Haushalt.
Paula Becker wuchs in das Zeitalter der Industrialisierung hinein, als Wissenschaft und Technik die Gesellschaft veränderten. Mit der Erfindung arbeitssparender Maschinen verlor die Haushaltstätigkeit der Frau an Bedeutung. Die Frau mußte nicht mehr spinnen, weben, färben, schneidern, stricken, häkeln, sticken, backen, Seife kochen, Kerzen machen und Obst, Gemüse und Marmelade einkochen; viele dieser Arbeiten wurden von Maschinen billiger und schneller erledigt. So gewann die Frau Zeit, sie konnte arbeiten gehen und Geld verdienen. Die Führungspositionen in der Wirtschaft aber waren längst von Männern besetzt, die gar nicht daran dachten, Frauen neben sich aufsteigen zu lassen. Die Frauen durften allenfalls mitarbeiten. Als Hilfskräfte in den Fabriken waren sie willkommen, und Arbeiterfrauen hatten aufgrund der sozialen Lage ihrer Familie oft gar keine Möglichkeit, sich der Fabrikarbeit zu

* 1871 Reichsgründung und Proklamation Wilhelm I. zum deutschen Kaiser.

entziehen. Für Frauen aus höheren Schichten aber war Berufstätigkeit nicht vorgesehen. Mit besserer Bildung standen ihnen höchstens als »Übergang« die dienenden Berufe offen, so wie es ihrer Rolle entsprach. Die Mädchen und Frauen des Mittelstandes arbeiteten als Gouvernanten, Krankenpflegerinnen oder im Kunstgewerbe. Aus diesen Berufen konnten sie im Falle der Heirat problemlos ins Haus überwechseln.
In der Familie Becker verband sich höheres Beamtentum mit der Aristokratie. Paulas Vater entstammte einer konservativen Beamtenfamilie, die Vorfahren der Mutter waren adlige Offiziere – die Männer natürlich!
Als Ingenieur bei der Preußischen Eisenbahnverwaltung gehörte Woldemar Becker zu den Technikern des Fortschritts, die die Hoffnung hegten, durch Leistung und Wohlverhalten in die Führungsschicht aufsteigen zu dürfen.
Zunächst lebten die Beckers in Dresden und nach der Versetzung des Vaters ab 1888 in Bremen. Zwei Jahre später wurde Woldemar Becker der Rang eines preußischen Baurats verliehen. Alles deutete darauf hin, daß es durch den Vater mit der Familie aufwärts ging. In der Dienstwohnung Schwachhauser Chaussee 29 führten die Beckers ein standesgemäßes Haus, in dem Künstler, Wissenschaftler und Senatoren der Stadt Bremen verkehrten.
Wie es dem Bürgertum entsprach, lebten die Beckers bildungsbewußt und leistungsorientiert.
Sieben Kinder, von denen eines früh starb, erhielten eine standesgemäße Erziehung. Der älteste Sohn Kurt studierte Medizin, der zweite Sohn wurde Kaufmann und der dritte Offizier bei der Handelsmarine.
Alle drei Töchter wurden, wie viele Mädchen des Mittelstandes, auf das Lehrerinnenseminar geschickt, und natürlich rechnete die Familie damit, daß Milly, Paula und Herma im heiratsfähigen Alter eine gute Partie machen, vielleicht

sogar einen adligen jungen Herrn, einen Offizier, bekommen würden. Blieben sie ledig, so waren sie als »Fräulein Lehrerin« immerhin versorgt. In deutschen Mädchenbüchern wie *Trotzkopf* und *Heidi* geistern solche altjüngferlichen Gouvernanten als strenge oder lächerliche Figuren herum, als diejenigen, die »keinen abgekriegt« haben. Der Schritt zur finanziellen Unabhängigkeit der Frau wurde von der reaktionären öffentlichen Meinung ja durchaus nicht begrüßt, sondern, in ängstlicher Bewahrung der alten Ordnung, abgewertet. Geheiratet zu werden, sollte für die Frau im Sinne der Kirche und des patriarchalischen Staates das Höchste bleiben.
Die Berufstätigkeit der Töchter wurde also nicht ernst genommen, weil über allem das elterliche Bestreben stand, ihre Mädchen »unter die Haube« zu bringen.
Bei der Familie Becker kam hinzu, daß wegen der adligen Verwandtschaft die Ansprüche hochgeschraubt wurden. Für Paulas Vater muß es schwierig und anstrengend gewesen sein, sich ohne Vermögen und »nur« als Zivilist gegen die Aristokraten in der Familie seiner Frau zu behaupten.

... Die Angehörigen dieser Familie gehörten zu der Art von Herrenmenschen, die niemals dazu zu bringen sind, das Überkommene einfach auf Treu und Glauben hinzunehmen, sondern für die Leben Selbstaufbauen heißt. Menschen, die ihre Uhr nach der Sonne stellen und nicht nach der Uhr des jeweiligen Rathauses. Ein Stück Eroberertum wirkte in den Männern und so viel Kraft, daß sie zu Erfolg durchführten, was sie als Lebenswerk, und wäre es ein noch so fern abliegendes gewesen, ergriffen ...*

---

* Briefe und Tagebuchblätter von PMB, hrsg. von S.D. Gallwitz. Kurt Wolff Verlag, München 1921.

Die von Bültzingslöwen waren hohe Offiziere und reiche Plantagenbesitzer. Über Wulf und Cora von Bültzingslöwen, Paulas Onkel und Tante, schreibt Paulas Mutter:

[29. 12. 1896]

... Glaub es, Kind, an solchen Köpfen ist was zu lernen. Da ist alles schön und richtig, und müßte eine Labsal für Dich sein nach all Deinen Kalibanen ein paar Leute zu zeichnen, denen man ansieht, daß Gott sie zu seinem Ebenbilde erschaffen hat ...

Der gesellschaftliche Rahmen, in dem die Beckers sich bewegten, die Großzügigkeit der Eltern und die materielle Unterstützung durch Verwandte haben Paula vielleicht in dem Glauben bestärkt, sie könnte sich nach ihren Fähigkeiten entwickeln, etwas Großes werden.
Als sie mit sechzehn Jahren, kurz nach ihrer Konfirmation, zu Verwandten nach England reist, um Englisch und Haushaltsführung zu lernen, ist es ihr noch nicht klar bewußt, daß sie nur auf die Rolle vorbereitet werden soll, die sie aufgrund ihres Geschlechtes zu übernehmen hatte und die ihr zumindest den Lebensstil ermöglichen sollte, den ihre Familie sich erlauben konnte.
Durch die nachgelassenen Zeugnisse über Paula Beckers Familie zieht sich wie ein roter Faden das Streben danach, etwas »zu werden«, etwas »zu sein«.
Unter dieser Forderung wurde Paula dazu angehalten, Klavier zu spielen, zu reiten, den Haushalt zu führen, Sprachen zu lernen, Theateraufführungen und Kunstausstellungen zu besuchen, Briefe zu schreiben.
In England nahmen diese Tätigkeiten unter der strengen Anleitung der Tante Marie dann besondere Ausmaße an.
Aus Briefen von Juli bis September 1892 an die Familie:

Eben habe ich zwölf ganze Pfund Butter gemacht, ganz allein ...

Ich wollte ihn (den Brief) eigentlich noch viel länger machen; aber ich habe heute keine Zeit, ich lerne nämlich auf der Nähmaschine nähen ...

... Nur kriegt ich einen Schreck, daß Du nichts von Milch und Butter wissen wolltest und ich habe Dir glaube (ich) vier Seiten über Milch geschrieben ...

... Ich denke jetzt doch manchmal ich habe Heimweh und manchmal bin ich mit Tränen eingeschlafen ... Ich dachte erst immer ich wollte es Euch gar nicht schreiben ... Ich sage es nicht Tante Marie, denn ich finde es sieht so undankbar gegen sie aus und sie giebt sich doch mit mir so viel Mühe ... Ich komme mir jetzt manchmal so alt vor. Wenn ich die Larssenkinder sehe, die um nichts eine halbe Stunde lachen können, denke ich manchmal ich möchte auch noch ein bißchen kalbern können. Ich habe jetzt auch wieder mehr Kopfweh und bin so müde ... Ich geb' mir Mühe hier recht viel zu lernen, damit ich unsern Haushalt recht gut führen kann, damit Ihr recht gemütlich und zufrieden seid ...

... Eben habe ich wieder 8½ Pfund Butter gemacht ... Jeden Tag von 12–1 Uhr lese ich mit Tante Marie. Früher lasen wir Novellen, jetzt soll ich aber was ordentliches dabei lernen und wir lesen darum Biographien, jetzt die von Thackeray, für mich allein lese ich Rob Roy von Scott ...

... Ein »Gemälde« von mir wage ich Euch noch gar nicht zu schicken. Ich fürchte Euren Hohn ...

In einem langen Brief des Vaters vom 22. Oktober 1892 wird Paula darauf aufmerksam gemacht, daß ihre Briefe nicht den gewünschten Erfolg haben. Die Mutter hatte sich beschwert:

... Ich weiß gar nicht weshalb die Briefe von Paula aus Schlachtensee viel netter waren. Damals bekam man einen Einblick in ihr Leben und sie entwickelte manchmal so netten Humor; jetzt enthalten die Briefe nur wenig; sie geht nicht aus sich heraus, sie schreibt ihren Eltern ebenso wie sie jedem anderen Fremden schreibt. Das Kind muß Heimweh haben ...

Dazu der Vater:

Ich wage nicht zu widersprechen was das Heimweh betrifft so bin ich anderer Ansicht. Meine Kleine nimmt sich wirklich nicht sehr zusammen und ist so husch husch über zwei Bogen um ihrer Pflicht des Briefschreibens los und wieder für sich zu sein ... und hast auch nicht die literarische Ader Deiner Mutter; schade! ich wünschte gern, Du wärest ihr ähnlich ...

Am Tage vor diesem Mahnbrief war Paula in die *school of arts* eingetreten. Zeichenstunden täglich von zehn Uhr morgens bis vier Uhr nachmittags, dazu Reitstunden, Theaterbesuche, Englischunterricht, Tennis, Hausarbeit, Briefeschreiben. Paula muß unter dem Druck des Programms im Hause der Tante Marie die Stunden in der Malschule wie einen rettenden Ausweg genossen haben. Zeichnen anstelle von Buttermachen!
Bekannt ist, daß sie später die Hausarbeit nie besonders freudig erledigte. Auch Englisch machte ihr keinen Spaß. Ihren Eltern zuliebe hätte sie in allen fraulichen Tätigkeiten Ehrgeiz und Geschick entwickeln sollen. Zum Geburtstag der Mutter bittet sie um Verständnis für ihr Versagen.

[um den 1. November 1892]

Daß Du an all Deinen Kindern Freude erlebst, das wünsche ich Dir. Ich schäme mich fast, das zu sagen, denn das einzige, womit ich Dir Freude machen kann, sind meine Briefe, und ich weiß, daß Du an denen keine Freude haben kannst. Meine Briefe müssen aus dem Herzen kommen. Aber oft an meinen Schreibfreitagen ist mein Herz ganz zu. Ich ärgere mich, ich schelte mich, aber das schließt es nicht auf und macht es nicht besser. Ja, einen Brief muß ich schreiben. Ihr habt dann immer noch Euren Verstand und der kann die Sache schnell abmachen. Ich denke mir, mein Verstand ist zu klein dafür und dafür kann ich doch wirklich nichts. Darum, wenn ich Euch keine guten Briefe schreibe, habt eher Mitleid mit mir, als daß Ihr mich scheltet, und denke, daß ich Dich trotzdem lieb habe.

Der Wunsch der Eltern, Paula möge regelmäßig Briefe nach Hause schreiben, erklärt sich nicht nur aus der klassisch-romantischen Briefkultur, die in bürgerlichen Familien zur Bildung gehörte. Paula wußte, daß sie in ihren Briefen Erfolge nach Hause melden sollte. Das einzige aber, was sie positiv hätte nach Hause berichten können, waren die Erlebnisse in der Kunstschule. Aber auch die wurden von zu Hause kritisch verfolgt, so daß Paula diese eine echte Freude nicht mehr allzu laut werden ließ.

Über seine Einstellung zu Paulas Zeichnungen schrieb der Vater:

[21. 11. 1892]

... Dein heutiger Brief kündigt uns demnächst Proben Deiner Fortschritte im Zeichnen an. Ich freue mich recht auf Deine Studienblätter. Wenn ich auch schonungslos kritisiere und nur über das Fehlerhafte mich aufhalte so übersehe ich das Gute deshalb nicht. Meine Natur ist aber einmal so angelegt, daß mir die Fehler vor dem Guten auffallen. Es ist das kein liebenswürdiger Zug meines Charakters aber wer kann sich in seinen alten Tagen noch ändern, wer mit seiner Meinung zurückhalten. Du mußt daher meinen Tadel nicht gar so empfindlich hinnehmen. Sage Dir immer daß zu jedem

Schlechten doch auch etwas Gutes, was verschwiegen wird, dazukommt ...

Paula wußte, daß sie die ihr unangenehmen Aufgaben im Haus nicht gegen eine Ausbildung als Malerin eintauschen konnte. Beides zu leisten, wurde ihr jedoch zuviel, und so erkrankte sie im Spätherbst.
Der Vater an Paula:

[Bremen, den 8. Dezember 1892]

Liebe Paula!
Durch Tante Marie wirst Du erfahren haben, daß Dir die Wahl gelassen werden soll entweder in eine englische Pension einzutreten oder nach Hause zu kommen. Überlege Dir was Du willst damit Du nicht nachträglich Deinen Entschluß bereust. Jeder gefaßte Entschluß ist uns recht und brauchst Du deshalb auf uns keine Rücksicht zu nehmen. Wie wir leider hören ist Deine Gesundheit in der letzten Zeit durch leichte Ohnmachtsanfälle gestört worden. Ich gebe nicht viel auf solche Symptome welche vorübergehend sind und jedenfalls durch vernünftige Kost, Kleidung und Bewegung mit der Zeit behoben werden können. Aber vernachlässigen darf man solche Krankheitserscheinungen nicht und muß man suchen deren Ursachen zu ergründen. Einestheils mag Deine Wachstumsperiode daran Schuld sein, andernttheils glaubt Mutter daß Du ein heimliches Heimweh hast. Sie hofft daher daß unter ihrer Pflege Du Dich bald erholen wirst.

Enttäuschung über die in England vertane Chance und die leise Aufforderung, vielleicht doch noch dort zu bleiben und in eine Pension einzutreten, klingen aus diesem Brief des Vaters. Spaß am Zeichnen war eben nicht das, was die Eltern sich für Paula von der Englandreise erhofft hatten. Um standesgemäß heiraten zu können, mußte Paula auf den für Frauen vorgesehenen Bildungsgebieten etwas herma-

chen. Zur Not konnte sie sich dann, falls sie unverheiratet blieb, als Gouvernante ihren Lebensunterhalt verdienen.
In England war nun aber etwas passiert, das allen Plänen der Eltern widersprach. Paula hatte herausgefunden, daß es etwas gab, das sie ganz von sich allein aus *wollte*.
Der Brief an ihre englische Tante Marie Hill vom 5. Mai 1893 zeigt wohl am deutlichsten die Entschlossenheit, zu der Paula sich nach den Erfahrungen in England durchgerungen hat. Sie möchte nicht, daß mit ihr etwas gemacht wird. Sie möchte selber machen.

... Ich bin so glücklich, daß ich wieder deutsch schreiben darf, ich kann mich im Englischen doch nur ganz dröge und gesittet ausdrücken, das finde ich furchtbar langweilig ...
Du hältst mich für äußerst egoistisch. Darüber habe ich so oft nachgedacht und richtig nach dem fürchterlichen Egoismus gesucht. Ich kann ihn nicht finden. Ich habe gefunden, daß ich herrschsüchtig bin und daß ich ganz ans Regieren gewöhnt bin ...
Jetzt und früher wurde ich fast immer von Mama gelobt, oder wir sahen es als ganz selbstverständlich an, daß ich nicht viel Tadelnswertes tat. Ich kam zu Dir. Ich sah, daß ich fast in allem Dich nicht befriedigte, oder Deine Hoffnungen vereitelte. Nun habe ich eine ungeheure Portion Stolz bekommen ...
Mein Stolz ist mein Bestes. Nun kann ich aber nicht Demütigungen ertragen. Dann werde ich ganz lebensmüde. Mein Stolz war meine Seele ...

In der russischen Urform bedeutet das Wort MALER: LEBENDIGMACHER. Da Paula Becker in einer Zeit lebte, in der männliche Persönlichkeiten bestimmten, wie jemand zu leben hatte, und in der Frauen allenfalls unterstützen durften, was Männer machten, war der Anspruch einer Frau, Malerin zu werden, eine Herausforderung.

Der starke Druck in eine vorgegebene Richtung, dem Paula in England ausgesetzt gewesen war, hatte ihr das Gefühl vermittelt, daß sie nicht würde leben können, wenn sie sich unterwarf. Zu leben, ohne sich zu unterwerfen, hieß jedoch, sich den Forderungen der Gesellschaft zu widersetzen und einen eigenen Weg zur Verwirklichung zu suchen.

Paula Becker hat von Anfang an Selbstbildnisse gemalt. Der Weg, den sie sich mit Zeichenstift und Kohle erarbeitete, später auch mit Farben, und auf dem sie viele Male *ich* sagte, war eine der Quellen, aus denen sie Kraft schöpfte, um sich zu behaupten.

Das Selbstbildnis von 1898/99 ist noch vom akademischen Zeichenstil geprägt. Dennoch wird hier bereits ihre »Handschrift« deutlich, die ihr eigene Form, die sie sich wählt, um die Realität, so wie sie sie in ihrer Eigengesetzlichkeit erkennt, künstlerisch darzustellen.

Die Realität ist aber ihre eigene Situation in einer Gesellschaft mit autoritären Leitbildern vom Gottvater über den Landesvater bis zum Familienvater.

Paulas Wünsche und Träume richteten sich nach der Englandreise auf das Ziel, freie Künstlerin zu werden. Ganz selbstverständlich erwartete sie von ihren Eltern dafür die volle Unterstützung. Die »Portion Stolz«, von der sie in dem Brief an ihre Tante Marie spricht, war ihr naiver Glaube, sie gehöre einer Gesellschaftsschicht an, der aufgrund ihres Bildungsniveaus Freiheiten zustünden.

Daß Freiheit in hohem Maße mit Vermögen verbunden ist, hat Paulas Vater spätestens bei seiner frühzeitigen Pensionierung erlebt. Aber Paula hatte schon in England die Erfahrung machen müssen, daß ihre Familie die »arme Verwandtschaft« war, die dankbar für die Zuwendungen von den reicheren Familien des Clans sein mußte.

Selbstbildnis, um 1898/99
Kohle, Rötel, 27,1 × 22,6 cm
Privatbesitz

[Die Mutter an Paula, 24.10.1892]
... wie glücklich macht es mich, daß Du so gründlichen Zeichenunterricht bekommst! ... ich bin Onkel Charles überaus dankbar, daß er Dir dies Glück zutheil werden läßt ...

Die Beckers hatten – wie viele deutsche Bürger – ein idealisiertes Liberalismusverständnis.

Im Grunde standen die Beckers immer über der Misere des Alltags, um sich immer wieder dem Höheren, Schöneren zuzuwenden ...*

Dieses adlige Streben nach oben, das die alten Eigentumsverhältnisse unangetastet ließ und das ursprüngliche Ziel des Liberalismus, eine bürgerlich-nivellierte Gesellschaft, verleugnete, brachte den erträumten Aufstieg dennoch nicht. Die Alternative eines gemeinsamen Kampfes mit den Besitzlosen gegen die Besitzenden wagte der deutsche Liberalismus nicht.

Paula aber sollte nach ihrer Rückkehr aus England lernen, daß es mit ihrer persönlichen Freiheit, der Freiheit der Frau, noch eine besondere Bewandtnis hatte. Sie lag in der Verfügungsgewalt der Männer und mußte erst erkämpft werden.

Bestrebungen, die Situation der Frau zu verändern, gab es in Deutschland bereits um 1860, als Frauen Zugang zu den Universitäten forderten. 1865 fand in Leipzig die erste Deutsche Frauenkonferenz statt, auf der der *Allgemeine Deutsche Frauenverein* gegründet wurde.

1907 lehrten neben 4145 männlichen Professoren neun Frauen an deutschen Universitäten. In den Gesprächen der liberalen Familie Becker werden Themen wie die Frauenbewegung nicht vermieden. Es ist also ungewöhnlich, aber nicht ganz abwegig, wenn Paula Becker 1893 erklärt: »Ich will Malerin werden!«

Sie wendet sich mit ihrem Anliegen jedoch an die falsche Adresse, an den Mann, weil sie keine Ahnung von der Frauenfrage hat. Herma Weinberg, geborene Becker, schreibt darüber:

---

* Aus: Paula Modersohn-Becker, ihre Briefe und Tagebücher und ihre Kunst. S. Fischer 1979, 3. Aufl., aus dem Vorwort von G. Busch.

Paula Becker-Modersohn hat der Frauenbewegung immer fern gestanden. Sie fühlte sich in einer Front mit allen ein Höchstes erstrebenden Menschen, denen das Dasein einen Sinn offenbart in ihrer Arbeit ... sie machte sich bewußt einseitig, um den Strom ihres Wesens und Wirkens zu vertiefen ... Sie fühlte sich doch immer als Einzelgänger und war viel zu sehr Künstlerin, um sich mit einer anderen Organisation einzulassen ...

Paulas Mutter unterstützte den Wunsch ihrer Tochter. Sie ahnte wohl dumpf und fühlte auch, daß Paula zu etwas gedrängt werden sollte, was ungerecht war. Sie hatte die Erfahrung bereits durchlebt, zum Ruhme ihres Mannes der fröhliche Mittelpunkt der Familie, das warme Nest, die Dreieinheit Hausfrau/Mutter/Geliebte und sonst nichts zu sein, verwiesen auf die Hoffnung, ihre Kinder könnten ihre begrabenen Wünsche für sie realisieren:

Nach einem wunderbaren Konzert Edwin Fischers wollte ich diesen begrüßen und traf ... zwei alte Damen, die eine weit über achtzig Jahre, gebeugt, die andere Mitte siebenzig ... Sie sprachen über das Konzert, und da sagte die ältere zu der jüngeren: »Diesen möchtest du auch wohl geboren haben!« Paula Beckers Mutter – denn sie war es – antwortete nicht, aber sie fiel der Freundin um den Hals, ihr Gesicht strahlte und ich wunderte mich, mit welcher Leichtigkeit sie nachher die Treppe hinunterging.*

Die Autorität des Vaters aber entschied, daß Paula, genau wie ihre Schwester Milly, zwei Jahre lang, von 1893 bis 1895, auf das Bremer Lehrerinnenseminar Janson zu gehen hatte. Nebenbei darf sie bei dem Bremer Kunstmaler Wiegandt ein paar Zeichenstunden nehmen. Sie besucht Bälle, Künst-

* Fritz Mackensen in: Ein Buch der Freundschaft. Hrsg. von Rolf Hetsch, Rembrandt Verlag, Berlin 1932.

lerfeste, auf denen die Bürgertöchter ihr Glück versuchen sollen, den »Mann fürs Leben« zu finden.
Paula soll Vernunft annehmen, ihre Hirngespinste aufgeben, Lehrerin werden und dann vielleicht doch einen Ernährer heiraten, so wie es ihrer Schwester Milly beschieden war, die mit einunddreißig Jahren Ehefrau wurde, oder der jüngeren Schwester Herma, die Oberschullehrerin wurde und mit achtundzwanzig Jahren heiratete.
Paulas Forderung nach einem Beruf, in dem Jahrhunderte vor ihr nur die eine Judith Leyster* oder Angelika Kauffmann** Bedeutung erlangt haben, paßt überhaupt nicht in das Frauenbild des deutschen Bürgertums.
Im Herbst 1895 besteht Paula das Lehrerinnen-Examen und will die vertane Zeit möglichst schnell vergessen. Viel lieber sind ihr die Gedanken an eine Fortsetzung des Zeichenstudiums. In der Familie stehen aber Männersachen im Mittelpunkt, das Medizinstudium des älteren Bruders Kurt und vor allem die drohende Pensionierung des Vaters. Anstatt hierauf Rücksicht zu nehmen, meldet sich Paula mit beruflichen Sonderwünschen. Paula fällt aus der Rolle. Sie will werden, was *sie* will. Die Familie empfindet diese Einstellung Paulas als Egoismus.
Noch weniger finanzielle Mittel zur Verfügung zu haben, das repräsentative Haus verlassen zu müssen und damit vielleicht auch den Kontakt mit der Bremer Gesellschaft zu verlieren, ist für die Eltern eine schreckliche Vorstellung.
Der Eisenbahnbau, der zu Beginn der Industrialisierung eine entscheidende Rolle unter den expandierenden Wirtschaftszweigen gespielt hatte, verlor während der industriellen Wachstumsstörungen und der strukturellen Agrarkrise von 1873 bis 1895 seine Führungsposition (1870 bis 1879

* Judith Leyster, 1609–1660, niederl. Malerin, malte fröhliche Genreszenen, Schülerin von Frans Hals.
** Angelika Kauffmann, 1741–1807, Schweizer Malerin und Radiererin.

wurde der Eisenbahnbau mit 25% Investitionsmitteln gefördert, 1885 mit 13,5% und 1889 nur noch mit 5,7%). Die Pensionierung von Baurat Becker hing also eindeutig mit der veränderten Wirtschaftslage zusammen. Dennoch gab Woldemar Becker sich selbst die Schuld an seiner Entlassung.

Mit dem Verlust der beruflichen Position beim Eisenbahnbetriebsamt Bremen verlor er den Boden unter seinen Füßen. Seine Existenz basierte auf der dünnen Plattform liberaler Ideen und Werte. Nun lehrte ihn die Erfahrung, daß diese Plattform nicht trug. Sie war ja auch nicht etwa durch Auseinandersetzung mit dem aristokratischen Herrschaftssystem erkämpft. Vielmehr hatte das mittelständische Bürgertum sich in dem Bewußtsein gesonnt, es repräsentiere mit seinen Lebensidealen STABILITÄT, SICHERHEIT, RUHE UND ORDNUNG die moderne Nation, und es hatte damit gerechnet, durch ständiges Bemühen um diese Werte in die Nähe der Herrschenden aufsteigen zu können. Äußere Erfolge im wirtschaftlichen und sozialen Bereich wurden deshalb als persönliche Wertsteigerungen verbucht, Rückschläge dagegen als persönliches Versagen.

Aber weder Bildung noch Leistung, noch Anpassung nützte den Beckers, da nun plötzlich das Geld fehlte.

Bis Ostern 1896 ist der Vater erfolglos nach einer neuen Stellung unterwegs, bewirbt sich vergeblich auf verschiedenen Eisenbahn-Baustellen in Sachsen um eine neue Anstellung als Ingenieur. In dieser Zeit müssen Mutter und Tochter sich gegen den Vater zusammengetan haben, um Paula die Chance zu verschaffen, in Berlin weiter Malerei zu studieren.

Während der Vater Paulas Berufspläne immer mit seiner eigenen fatalen Situation in Beziehung bringt – wenn er nichts mehr ist, nichts mehr wird, kann er sie auch nichts werden lassen –, entwickelt die Mutter eine erstaunliche

Initiative, um Paula zu helfen, und zwar wird sie in dem Augenblick aktiv, in dem der Mann abwesend ist.
Kurz nach Ostern fährt Paula für knapp zwei Monate nach Berlin auf die Zeichen- und Malschule des *Vereins der Berliner Künstlerinnen.*
Die Briefe des Vaters an Paula und an seine Frau aus dem Jahre 1896 lassen erkennen, wie wenig Woldemar Becker mit Paulas Wünschen einverstanden ist.
Am 15. April erinnert er Paula daran, daß sie zu Hause »scherzhaft« als »Tante Friedchen« verhöhnt wird. Tante Friedchen ist die »alte Jungfer« in der Familie.
In einem anderen Brief vom 11. Mai macht er Paula klar, daß sie die Zeichenstunden nicht länger fortsetzen kann:

Ich glaube nicht daß Du eine gottbegnadete Künstlerin ersten Ranges werden wirst, das hätte sich doch wohl schon früher bei Dir gezeigt, aber Du hast vielleicht ein niedliches Talent zum Zeichnen das Dir für die Zukunft nützlich sein kann ... Wenn Du auch nicht Vorzügliches dann leistest, so kannst Du es durch Ausdauer über die grobe Mittelmäßigkeit bringen und nicht im Dilettantenthum untergehen ...

Mit dieser vernichtenden Kritik urteilt der Vater über die Fähigkeiten seiner Tochter und bestimmt:

... diesen Sommer will ich Dir noch zur Erholung und Kräftigung gönnen, aber dann heißt es: an die Arbeit und ich bin überzeugt, daß Du Energie und Kraft genug besitzen wirst es zu etwas Ordentlichem zu bringen ...

Das »Ordentliche« ist für Woldemar Becker der Lehrerinnenberuf.
Paulas Mutter dagegen wird praktisch. Sie kümmert sich um einen Ausweg für Paula über Schulgeldermäßigung und billige Unterkunft bei den Verwandten in Schlachtensee in

der Nähe von Berlin, so daß Paula im Herbst ihr Studium fortsetzen kann.
Der Vater – schon wieder in Sachsen – bemüht sich vergeblich um eine neue Arbeitsstelle. Er erfährt die Unbarmherzigkeit, mit der die neue Industriegesellschaft Arbeitskräfte benutzt und wieder aussortiert, und erlebt, daß seine Arbeitskraft wie eine Ware nach Dauerhaftigkeit und Altersabnutzung bewertet wird. Selbst unter dem eigenen Leidensdruck ist Woldemar Becker aber nicht imstande, solche Wertmaßstäbe in Frage zu stellen, weil er seine Existenz und die seiner Familie darauf aufgebaut hat. Er hat seine Kinder in diesem Sinne erzogen, und so schreibt er aus Leipzig einen weiteren bösen Brief, diesmal an seine Frau:

Leipzig, den 3. Juli 1896

... Was soll aus Paula werden? Auch sie ist und bleibt unselbständig und hat nicht die Energie aus sich selbst etwas zu schaffen und sich selbständig zu machen. Du hast die ganze Berliner Malgeschichte ohne mein Wissen angefangen. Ich bin nicht entgegengetreten, aber glaubst Du wirklich daß das Kind etwas Tüchtiges darin leisten wird ... Ich bezweifle es. ... Sie (Paula) ist ... prätentiös und leistet wenig, sehr wenig ... Selbst im Hause ist sie nur ein muffiges Wesen, das vielleicht ganz hübsch Blumen vertheilt und damit die Zimmer schmückt ...

»Unheilig vor der Natur«

> Was man Naturalismus zu nennen pflegt in der Malerei, das ist die Weigerung oder die Unmöglichkeit, das Universum zu durchdringen: eine Kunst ohne Abstraktion, d.h. tieferer Berührung mit dem Universellen beraubt ... Seit mehr als einem halben Jahrhundert erleben wir die Anstrengung der Malerei, ... diese Durchdringung wieder zu verwirklichen, diese große gemeinsame Struktur, diese tiefe Ähnlichkeit des Menschen und der Welt, ohne die er nicht lebendig ist ...
>
> Jean Bazaine: Notes sur la peinture d'aujourd'hui, Paris 1953.

Paulas Vater hält starrköpfig daran fest, sich seine Tochter im häuslichen Bereich und mit typisch fraulichen Arbeiten beschäftigt vorzustellen, und macht zu ihren Malstudien seine ironischen Bemerkungen:

... Die fünf Köpfe sind nicht ganz gleich gelungen. Der Förster, oder vielmehr der bärtige Mann m.E. am besten. Weniger gut vielleicht die auf dem Closet sich erkältet habende Dame. Frauen sind gewiß schwerer zu treffen, weil ihre Züge nicht so markiert sind ...

Paula dagegen hält unbeirrbar an dem Beruf fest, zu dem sie sich entschlossen hat. Bereits 1896, sie ist nun zwanzig, begibt sie sich in ihrer Kunst zielstrebig auf die Suche nach einem eigenen Weg, der sie von allem Unwichtigen weg auf das Charakteristische hinführen soll. In der Unsicherheit zwischen dem drohenden Beruf der Gouvernante und ihrer starken Neigung zur Malerei nutzt sie die kurze Zeit des

Unterrichts in Berlin, um über die formale Ausbildung hinaus selbstkritisch ihren künstlerischen Standort zu bestimmen.
Bereits in ihren frühen Selbstbildnissen und in den Aktzeichnungen wird deutlich, daß Paula sich vom Naturalismus absetzen will. Es geht ihr nicht darum, die Natur getreu nachzuahmen. Sie will Wirklichkeit in Kunst übersetzen. Wenn Cézanne sagt: »Der Inhalt unserer Kunst liegt primär in dem, was unsere Augen denken«, so entspricht diese Auffassung genau dem, wonach Paula strebt. Am 18. Mai 1896 schreibt sie in ihr Tagebuch:

Ich kämpfe noch mit riesigen Schwierigkeiten mit dem Material. Ich finde diese flotte Behandlung der Kohle furchtbar schwer ... Das Ganze immer im Auge zu behalten, wo man doch zur Zeit immer nur das Einzelne sieht. Ich lebe jetzt ganz mit den Augen ... Wenn ich durch die Potsdamerstraße meinen Weg zur Zeichenschule pilgere, beobachte ich tausend Gesichter, die an mir vorbeikommen, und versuche mit einem Blick das Wesentliche an ihnen zu entdecken.

Es fällt auf, mit welcher ungeheuren Aktivität Paula sich in ihre Arbeit stürzt, so als müsse sie jede Minute ausnutzen, so als habe sie es eilig, ihr Ziel zu erreichen.
Der Vater nörgelt an ihren Zeichnungen herum und weiß alles besser:

Was den Kopf in Röthel anbetrifft, so scheint mir Licht und Schatten noch zu grell von einander geschieden, und die lichten Stellen z.B. Stirn und Kinn zu wenig modellirt. Was man bei der Technik mit Kohle leicht durch Verwischen erreichen kann muß hier gezeichnet werden. Ich spreche so wie ich es verstehe, Du angehende »Künstlerin« magst ja über Manches Dein Näslein rümpfen, aber das kann mich nicht abhalten meine Kritik zu üben ... Trotz aller kleinen

Schwächen muß ich Dir aber das Zeugniß geben, daß Du recht fleißig gewesen bist ...

Aber Paula ist schon während der akademischen Ausbildung dabei, sich von der Kunsttradition unabhängig zu machen, die noch im Dienst übergeordneter Lebensmächte steht.
Auch wenn sie ihre Lehrer in der Zeichenschule akzeptiert und deren Können bewundert, so liefert ihr die Ausbildung doch nur die Mittel, mit denen sie selbstbewußt umgeht, um ihr eigenes künstlerisches Anliegen zu verwirklichen.
Paulas Familienleben spielt sich dagegen auf einer anderen Ebene ab. Es ist, als habe sich eine Barriere zwischen ihre künstlerische Außen- und ihre familiäre Innenwelt geschoben. Im Innern bewegt sich Paula nostalgisch um männliche Heldentypen, wie aus einem Brief vom Mai 1896 an die Eltern hervorgeht.

... Weißt Du, daß wir in Hamburg waren ...? Daß wir Bismarck sahen, unsern alten großen Bismarck? Aber alt ist er geworden, ganz alt. Der Jubelruf des Volkes, den seine Ohren jahrzehntelang freudig aufgenommen haben, wird ihm jetzt lästig ... Ich reichte ihm eine Rose in den Wagen, er nahm sie und roch daran. Ich war erschüttert. Zum ersten Male sah ich unsern großen, großen Kanzler ....

Paula traut sich und den Frauen nichts zu, wie ein weiterer Brief vom Januar 1897 beweist.

Nur haben die modernen Frauen eine mitleidige höhnische Art, von den Männern zu sprechen wie von gierigen Kindern. Das bringt mich dann gleich auf die männliche Seite. Beinah hätte ich ja die Petition gegen das neue bürgerliche Gesetzbuch unterschrieben. Da hat Kurt mich aber so wütend angeschnoben und mich in meiner ursprünglichen Meinung bestärkt, daß ich Purks die großen Männer ihre Sache tun lasse und an ihre Autorität glaube ...

In ihrer Kunst ist Paula zur selben Zeit schon weit davon entfernt, sich unterzuordnen und die großen Männer tun zu lassen. An den Berliner Aktzeichnungen ist zu erkennen, wie Paula übers Konturzeichnen zu einem neuen Verständnis ihrer Malerei gelangt: »Die Linien widerstreben eigentlich meiner Natur, da sie nicht vorhanden sind«, schreibt sie am 30. 1. 1898. Sie ist schon dabei, für sich das herauszufinden, was Cézanne später so formuliert: »Zeigen Sie mir etwas Gezeichnetes in der Natur. Es gibt keine Linie, keine Modellierungen, nur Kontraste ...«*
Mit großer Sensibilität macht sich Paula auf die Suche nach den Farb- und Formbewegungen in der Natur. Das Studieren und Probieren in der Berliner Kunstschule bringt bereits erste Ergebnisse schöpferischer Umsetzung. Paula konzipiert, setzt die Flächen der Figuren kantig gegeneinander, löscht aus, läßt weg. Dieses Verkürzte, Summarische wird bestimmend für Paulas Malweise. Sie will den Menschen nicht oberflächlich darstellen, sondern mit den Mitteln der Kunst versuchen, die Äußerlichkeit zu durchdringen, um dahinter das Eigentliche aufzuspüren.
In dem Maße aber, in dem sie sich künstlerisch verwirklicht, gerät sie in Widerspruch zu ihrer Lebenssituation. Es ist Paulas eigene, fortschrittliche Leistung, sich unter dem Druck der gesellschaftlichen Verhältnisse in Auseinandersetzung mit diesem Widerspruch dennoch durchzusetzen.
Die Selbstbildnisse, die Paula ihr Leben lang geschaffen hat, sind in ihrer künstlerischen und persönlichen Entwicklung von entscheidender Bedeutung.

---

* Joachim Gasquet, Cézanne, Gespräche, Paris 1921; deutsche Ausgabe, Berlin 1930, und Maurice Denis, Cézanne, Gespräche, in: Denis, Théories, Paris 1920.

In den vergangenen Kunstepochen war es üblich geworden, daß die Maler im Laufe ihres Schaffens wenigstens ein Selbstbildnis malten.
Wegen der Veränderlichkeit und Vergänglichkeit menschlicher Natur erforderte aber gerade die Selbstdarstellung eine besondere Leistung vom Künstler. Das Gültige in der sich wandelnden Persönlichkeit festzuhalten und dennoch die unmittelbare Lebendigkeit des Gebildes zu erhalten, war eine Aufgabe, die nicht jeder bewältigte. So entstanden in der von Männern bestimmten Kunst- und Kulturwelt Selbstbildnisse geschönter, veredelter, imponierender Männerporträts und -figuren, aber auch ehrliche Darstellungen, in denen die persönliche und künstlerische Selbsterkenntnis zum Ausdruck kam.
Unter den auf ihre eigene Größe fixierten Männermalern, die sich in der Selbstbildnissammlung der Uffizien in Florenz für die Nachwelt zur Schau stellten, hatten die Malerinnen, die ein Selbstporträt wagten, keine Chance.
Paula Becker ist auch im Hinblick auf Selbstbildnisse unter den Malerinnen die große Ausnahme. Da, wo die anderen klein beigeben, wagt sie sich erst recht und malt zeit ihres Lebens viele Selbstbildnisse, die nichts von Eitelkeit oder Beweihräucherung haben, sondern ihre intensive künstlerische Arbeit widerspiegeln.
In ihrer Umwelt erfuhr Paula jeden Tag ihre Existenz als Frau verfälscht und abhängig. Es war auch ihre Not, die sie dazu bestimmte, sich durch Selbsterforschung und Selbstdeutung lebendig zu machen.

»Menschen malen geht doch über eine Landschaft«

Anfang 1897 hat Paula Becker noch elf Jahre zu leben, um ihr künstlerisches Werk zum Erfolg zu führen. Diese Zeitspanne ist jedoch nicht etwa mit konstantem Glück und Ruhm angefüllt.
Die Widerstände, mit denen sie zu kämpfen hat, werden nicht weniger. Wenn der Vater seiner Frau auch nachgegeben hat und Paula Zeichenstunden nehmen läßt, so ist er doch durchaus nicht zufrieden mit der Vorstellung, daß seine Tochter freie Malerin wird. Am 5. 12. 1896 schreibt die Mutter an Paula:

...ich bekomme dreihundert Mark monatliche Pension und kann nun Deine Malstunden bezahlen. Hurra! Und das freut mich höchlichst, weil Vater mirs oft vorwirft, daß ich »die Sache eingebrockt« habe ...

Nicht nur gegen Paulas Beruf hat Woldemar Becker Einwendungen, sondern auch dagegen, daß Paula sich in Richtung der »modernen Malerei« entwickelt, die für ihn keine Kunst ist. Im Januar 1897 hatten der Vater und die mit ihm befreundeten Kunstkenner einen Herrenabend veranstaltet und dazu die Worpsweder Maler in den Bremer Ratskeller eingeladen.

[Der Vater an Paula, 11. 1. 1897]
... Modersohn, ein guter Westphale, gar nicht semitisch wie sein Name vermuten läßt angehaucht, ist eine Kinderseele, die sich bei jedem Witzchen, und sei es noch so unschuldig, krümmt ... v. Emden macht einen gesetzten Eindruck. Odeleben erinnert von fern an Donndorf. Vinnen ... scheint ein gebildeter Bremer zu sein ... Vogeler ... hat sich hauptsächlich auf die Schwarzkunst gelegt ... Vinnen ließ sich ... in ein sozialpolitisches Gespräch mit mir ein. Wunderbar, daß die

Leute welche in ihrer Kunst extrem sind, auf den übrigen Gebieten so konservativ bleiben ... Von Emden malt Augenblicksbilder. Ich entsinne mich einer Gewitterlandschaft ... der Hintergrund aber ganz violett, als ob eine Flasche Kaisertinte darüber ausgegossen und verrieben ... mag man (solche Farbeneffekte) als Bild ewig vor sich haben? ... Es ist das meiner Ansicht ein Ungeschmack der neueren Künstler ...

In bezug auf die Frauenbewegung meint Woldemar Becker, daß Paula nicht auf die »Tanten, welche in der Frauenfrage das große Wort führen« angewiesen sein sollte. Aber sie könne ruhig einzelnen Versammlungen beiwohnen.

[26.1.1897]

Mir ist nur die Gleichmacherei zuwider ... Der freie Wettbewerb wird blos dahin führen, daß Wissenschaft und Kunst immer mehr Allgemeingut werden ... Eins steht fest: die Frauen arbeiten der Sozialdemokratie, ohne sich vielleicht dessen bewußt zu sein, vor ...

Dem Vater zuliebe macht Paula sich in ihren Briefen manchmal so klein, wie es von ihr gewünscht wird.

[27.2.1897]

Am Donnerstag war ich zum ersten Male nach der Stunde bei den Kupferstichen. ... »Michelangelo, Handzeichnungen« ... Ich war ganz gierig auf die schönen Blätter. Nebenbei hätte ich mir als einziges Weiblein unter dieser mächtigen Männlichkeit am liebsten eine Tarnkappe aufgesetzt ...

Paula kann es aber nicht verhindern, daß ihr auch in diese Briefstellen Sätze geraten, die ihre selbstbewußte Art beweisen, mit »Männlichkeit« umzugehen.

[27.2.1897]
... Dann vergaß ich aber die leidige Welt über Michelangelos gewaltigem Linienzug. Diese Beine, die der Mensch zeichnet! ... Abends im Akt hatten wir einen famosen Kerl. Zuerst, wie er so dastand, bekam ich einen Schreck vor seiner mageren Scheußlichkeit. Als er aber eine Stellung einnahm und plötzlich alle Muskeln anspannte, daß es nur so auf dem Rücken spielte, da ward ich ganz aufgeregt...

Wie in bürgerlichen Familien vielfach geübt, beschwichtigen Mutter und Tochter das Familienoberhaupt mit Liebe und guten Worten, die Auseinandersetzung um Paulas Wünsche wird vermieden oder spielt sich unter der Oberfläche ab, und Paula nimmt provozierende Äußerungen in dem Sinn wieder zurück, wie der Vater das wünscht.

[10.1.1897]
... was mich zu einem hochmütigen Air herausfordert und mir riesigen Spaß macht. Laß das Dein väterliches Herz nicht betrüben, Vater, und laß mich nur gewähren. Innerlich bin ich doch oft noch so zittrig und ängstlich wie in meinen Backfischtagen ...

So wird der Vater in seiner Position wieder bestärkt und belehrt Paula:

[2.3.1897]
Es ist gewiß recht gut, daß Du Dir die Zeit nimmst, die Kupferstiche von Michelangelo zu studieren. Ich wünschte nur, daß Du aber auch nach denselben zeichnen würdest ... Du scheinst mir zu viel auf den Gesamteindruck, zu wenig aufs Einzelne zu geben...

Aber es ist ja gerade Paulas Bestreben, von den Einzelheiten wegzukommen. Der Vater sieht ihre Malerei auf dem

Hintergrund seiner festgefügten Weltanschauung. Es kann nicht anders als zu völligen Mißverständnissen zwischen ihnen kommen. Aber da Paula weit entfernt von Bremen studiert, ist es einfach, einem Streit aus dem Wege zu gehen. Hinter Briefen kann man sich auch verstecken.
Paula arbeitet konsequent weiter und läßt sich nicht beirren. So entscheidet sie bereits am 5. März 1897, die Landschaftsmalerei aufzugeben und nur noch Porträts zu malen. Und sie hat Glück mit ihrem Entschluß, weil für die Zeichenstunden Jeanne Bauck* als Lehrerin zuständig ist.
Jeanne Bauck wird für Paula im Laufe des Jahres 1897 zu einer wichtigen Leitfigur. Von Anfang an ist Paula, der Kontakte niemals leicht werden, neugierig auf diese Frau, die ihr so ganz anders entgegentritt, als sie es von Leuten ihres Standes gewohnt ist.
Paula berichtet ihren Eltern, das Äußere der Lehrerin sei ruppig-struppig, ihr Haar gleiche gerupften Federn, ihre Figur sei groß, dick, ohne Korsett, mit einer häßlichen blaukarierten Bluse.
Wie sich Paulas Beurteilung der Lehrerin rasch wandelt und wie die kritisierten äußeren Häßlichkeiten sich bei näherem Kennenlernen für Paula in interessante Persönlichkeitsmerkmale umkehren, geht aus dem Brief vom 7. Mai 1897 an die Eltern hervor:

... Nachdem ich mich an ihre »Wüschtigkeit« gewöhnt habe, mag ich sie gar zu gern ansehen. Ihre Züge sind gerade so interessant wie ihr Malen, ich kann mir immer wieder den kleinen pikanten Bogen ihres Nasenloches anschaun. Ihr Mund hört so nett plötzlich auf, als ob der Herrgott plötzlich mit einem feinen Pinselstrich darüber gefahren wäre ...

---

* Jeanne Bauck, geb. 1840, Malerin deutsch-schwedischer Abkunft. Studium in Dresden, Düsseldorf, Paris, Lehrerin an der Berliner Mal- und Zeichenschule, lebte später in München.

Hier zeigen sich Paulas Einfühlungsvermögen und ihre Ehrlichkeit, die sie, wenn es um Menschen geht, trotz aller bürgerlichen Vorurteile entwickeln kann.
In Jeanne Bauck begegnet Paula eine dieser selbstbewußten Frauen, deren konsequentes Verhalten ihr imponiert. Paula meldet ihren Eltern mit leichtem Entsetzen, die Lehrerin bedaure es, daß die Schüler ihrer Klasse nicht nackend malen dürften, »damit die Haut atmen könne«.

[28.10.1897]
... Alles in vollem Ernst. Mir war dies rührend. Ich freute mich an dieser Größe, die nicht überall Verrat wittert und fühlte mich selbst sehr schwarz ...

Paula mag in dem Ruppigen, Struppigen, Ungepflegten, Unordentlichen, Erotischen der Jeanne Bauck etwas von der Befreiung von Zwängen geahnt haben, die sie selbst sich noch nicht traut.
Zum Jahresende erlebt sie, wie Jeanne Bauck von der Schulleitung gefeuert wird.
Paula fühlt sich solidarisch mit ihrer bewunderten Lehrerin, ist aber nicht imstande, etwas anderes zu tun, als sich hinter den Malschürzen zu verstecken und zu weinen.
Wieder ist es die Lehrerin, die Paula auch noch in dieser Situation ein Vorbild ist.

[An die Eltern, 7.11.1897]
... Da alles von ihr abfiel, hatte ich das bestimmte Gefühl, ich müßte ihr die Hand drücken. Da war sie sehr lieb. Gar nicht weich, sie blieb ganz sachlich. Sprach, als ob ihr kein Haar gekrümmt wäre. Halb aus Stolz, halb, weil sie nicht klein sein konnte. Wir verstanden uns aber.

An Jeanne Baucks handfester Art kann sich Paulas Hang zur Schwärmerei und Idealisierung nicht entzünden. Ein

Sommeraufenthalt in Worpswede bietet ihr dafür um so mehr Gelegenheit, in Gefühlsseligkeit zu schwelgen.
Seit 1884 Fritz Mackensen als erster in das nordöstlich von Bremen gelegene Moordorf gekommen war und sich von der eigenartigen Stimmung der Landschaft hatte einfangen lassen, sind in den folgenden Jahren noch andere Künstler für längere Zeit in Worpswede hängengeblieben oder dort seßhaft geworden, wie Hans am Ende, Otto Modersohn, Fritz Overbeck, Heinrich Vogeler. Sie sind Flüchtlinge vor der sich ausbreitenden Zivilisation, die Hektik und Mechanik in die Städte bringt und das Leben enger macht.
Die Bremer Bürger hatten bis 1895 von dem Künstlerdorf im verrufenen Teufelsmoor kaum gewußt oder es nicht zur Kenntnis genommen. Den Ausstellungsraum der Worpsweder in der Bremer Kunsthalle verspotteten sie als »Lachkabinett«.
Als bekannt wird, daß die Worpsweder zu einer Ausstellung in den Münchner Glaspalast* eingeladen worden sind, ändert sich die Bremer Bürgermeinung schlagartig. In München kommt dann der große Erfolg. Fritz Mackensen erhält für sein Gemälde »Gottesdienst im Moor« die große goldene Medaille, und von Otto Modersohn kauft die Pinakothek ein großes Bild »Sturm im Teufelsmoor« an.
Als Paula mit ihrer Freundin Paula Ritter 1897 in Worpswede Urlaub macht, sind ihre männlichen Malerkollegen bereits berühmt. Sie leben unter den Bauern und Armenhäuslern, haben sich Land und alte Häuser gekauft, Heinrich Vogeler den Barkenhoff, den er umbaut und in einen Landsitz im Biedermeierstil verwandelt. Um die Jahrhundertwende hängen Gemälde von den Worpswedern – außer von Paula Becker – bereits in den Salons der Bremer Honorationen. Vogeler läßt sich mit eigenem Pferd und

* Jahresausstellung von Kunstwerken aller Nationen.

Wagen von seinem Kutscher zu den Villen der reichen Leute fahren, Mackensen übernimmt 1908 an der Weimarer Hochschule für Künste einen Lehrstuhl, porträtiert den Großherzog von Weimar und beteiligt sich mit seiner Frau gern an den höfischen Geselligkeiten.
Paula erlebt in Worpswede ein Märchen: »Hier gibt's kein Leben, hier ist's ein Traum.«
In der Landschaft der Moore, der asphaltschwarzen Wassergräben, der Birken, Kiefern und Weiden, wo tonige und erdige Farben sich mit dem Grün, Rot, Weiß und Gelb der Gräser, Blätter und Blüten mischen, entsteht eine Malerei, die die Sehnsucht des Bürgers nach Emotionalität trifft, mit der er sich aus der im Maschinenzeitalter zunehmenden Verdinglichung des Lebens in romantische Träume flüchten kann.
Paulas Tagebuch schildert die Stimmung, in die sich Paula in Worpswede fallen läßt. Es ist Sommer, Paula ist jung, sie hat Lust, sich zu verlieben, und in Worpswede leben Männer, die mit Kunst was zu tun haben.

[Tagebuch, 24.7.1897]

Worpswede, Worpswede, Du liegst mir immer im Sinn ... Deine mächtigen großartigen Kiefern! Meine Männer nenne ich sie, breit knorrig und wuchtig und groß, und doch mit den feinen, feinen Fühlfäden und Nerven drin. So denke ich mir eine Idealkünstlergestalt.

In Worpswede scheint die Größe und Einmaligkeit, nach der Paula sucht, in Gestalt von Männern Realität geworden zu sein. Bei Mackensen allerdings hat Paula Vorbehalte, die zeigen, wie stark auch Paula von ihrer Zeit, ihrem sozialen Umfeld geprägt ist: Das »Große, Unbefangene, das unabhängig Stürmende, das Stück Prometheus, das titanenhaft Kräftige im Manne, die Urkraft« sei Mackensen verlorenge-

gangen, weil er in kleinen Verhältnissen aufgewachsen ist* und es »doch nie abschütteln kann«, daß er »mit den Groschen gekämpft hat ...«
Hans am Ende und Heinrich Vogeler stammen aus wohlhabenden Bremer Bürgerhäusern, Overbecks Vater ist Direktor bei Lloyd, und Otto Modersohn ist Sohn eines Architekten.
Paula schreibt über Modersohn im Tagebuch:

[24.7.1897]
... Er hatte so etwas Weiches, Sympathisches in den Augen. Seine Landschaften, die ich auf den Ausstellungen sah, hatten tiefe, tiefe Stimmung in sich. Heiße, brütende Herbstsonne, oder geheimnisvoll süßer Abend. Ich möchte ihn kennenlernen, diesen Modersohn ...

Und sie schwärmt von den Birken:

... zarten, schlanken Jungfrauen, die das Auge erfreuen. Mit jener schlappen, träumerischen Grazie, als ob ihnen das Leben noch nicht aufgegangen sei. Sie sind so einschmeichelnd, man muß sich ihnen hingeben, man kann nicht widerstehen ...

Paula ist sich nicht sicher, ob sie eine dieser schlanken Jungfrauen sein möchte oder eine von den »Hosendamen«, wie z. B. Fräulein Finck, die »mit dem Berliner Maler Klein in irgend einem Verhältnis steht.«
In einem Brief an ihre Eltern nennt Paula die Hosendamen »Individuen«, die ihre Männlichkeit »durch jungenshaften Heißhunger beweisen.«
Im Tagebuch jedoch kommt Fräulein Finck besser weg:

---

* Mackensens Vater war Bäcker, er starb früh, und die Mutter mußte unter Entbehrungen vier Kinder großziehen.

[24.7.1897]
... Sie scheint klug zu sein. Sie hat vieles gesehen, ich glaube empfindend gesehen. Sie hat in Paris studiert, wie lange? Mit welchem Erfolg? ... Jedenfalls möchte ich rasend gern was von ihr sehen ...

Paula beobachtet neugierig die Paarbeziehungen in Worpswede. Sie schildert, wie Hans am Ende in seiner zarten Art mit seiner Frau spricht, wie er »jeden Augenblick mit seinen Gedanken bei ihr war.« Es verlockt sie, das ihr noch Unbekannte, das »Mann und Frau« zu probieren, das ihr in Worpswede paradiesisch erscheint.
»Ja, wenn das Malen nicht wäre?!« fragt sich Paula in ihrem Sommertagebuch.
Das Bedürfnis der Künstler, die Städte zu verlassen und sich in der nordisch-herben Moor- und Heidelandschaft anzusiedeln, mag die Einwohner erstaunt haben. Die Maler waren nicht gekommen, um mit den Alteingesessenen zusammenzuleben und Bauern zu werden. Sie wollten am Landleben gesunden, in der Natur ihre Gefühle wiederfinden. Von Worpswede erhofften sie sich Befreiung von den Zwängen des akademischen Malstils, Impulse für eine Revolution im Bereich der Kunst.
Das Ergebnis ihrer Bemühungen um eine neue Kunst waren vor allem Landschaftsgemälde, aber es entstanden auch Porträts. So wie Paula Becker, die mit den Dorfbewohnern schnell vertraut wurde, malt Mackensen auch Menschenbilder. Die Alten, die Kinder und die Armenhäusler von Worpswede sitzen oder stehen den Malern stundenlang Modell; sie haben das Modellgeld nötig.
Bei aller Euphorie in der Künstlerszene, der Paula sich nicht entziehen kann und die dazu verführt, die Realität romantisch zu verklären, begegnet Paula den Einheimischen von Anfang an offen und ohne Vorurteile. Sie nimmt Anteil an

der Arbeit und am Leben der Dörfler und wird von ihren Malerfreunden ausgelacht, als sie auf einer Bauernhochzeit mit dem Brautvater tanzt. »Das Brautpaar sei ein bißchen dösig, sie hätten vorigen Winter im Armenhaus gesessen und kämen nächsten Winter auch wieder hinein.«
Paula läßt sich mit den Menschen ein, die sie malt. Das ist keine Mache; es fällt Paula leicht, sich in das Wesentliche in den Frauen, Kindern, den Alten einzufühlen. Ihr fehlt die Sentimentalität, um irgendwelche Illusionen, Glaubens- oder Wertvorstellungen in die Menschen hineinzumalen.
Im Zusammensein mit den Künstlern genießt Paula die Bootsfahrten im Mondschein, die Wanderungen durchs Moor, die Ateliergespräche über Gott, die Welt und die Kunst. Aber wenn es um ihre Malerei geht, fällt alle Übertriebenheit von ihr ab.
Paula schreibt in ihr Tagebuch: »Du lebst intensiv, das heißt, Du malst.«
Aus Worpswede bringt Paula das Bild von »Rieke Gefken mit roten Lilien«* mit. Es wird im Herbst auf der Berliner Schulausstellung gezeigt und von ihrem Lehrer Martin Körte gelobt.

* »Mädchen mit Feuerlilien« Leinwand auf Pappe, Bremen 76, Nr. 5. Rieke Gefken war ein Landarbeiterkind aus dem Huddel, einer Kätner-Siedlung östlich der Ostendorfer Straße. Der Vater von Rieke arbeitete später gelegentlich bei Modersohns im Garten.

»Wenn ich das erst kann, was ich jetzt möchte ...«

Die Fülle der Natureindrücke und das Engagement, mit dem die Worpsweder Maler in der Landschaftsmalerei aufgehen, haben Paulas künstlerisches Ziel nicht beeinflußt. »Menschen malen geht doch über eine Landschaft«, schreibt sie im Juli 1897 an die Familie.

Wie schon 1896 erhält Paula, diesmal zum Ende des Jahres 1897, einen Brief ihres Vaters zur schlechten finanziellen Situation der Familie. Paula soll ihr Malstudium aufgeben. Der Vater erklärt, Paula müsse sich zum nächsten Juni um eine Stellung kümmern und Erkundigungen einziehen, wie sie sich am besten selbständig machen könne.

Paulas Antwortbrief kommt nach sieben Tagen. Es hat jedoch eine sofortige, spontane Erwiderung von Paula gegeben, die acht Seiten umfaßte. Paulas Tante sollte diesen ersten Brief in den Briefkasten einwerfen und hat ihn angeblich verloren.

Der neue Brief ist kürzer und voller Verständnis. Paula verspricht dem Vater, eine Stellung anzunehmen. Aber ihre Malerei wird sie nicht aufgeben. Liebevoll und freundlich teilt Paula ihrem Vater mit, daß sie ihre Existenz nicht mehr von ihm abhängig macht, sondern ihre Entscheidungen selbst trifft.

Der Brief endet mit der fürsorglichen Mahnung an den Vater, nicht an seinem Schreibtisch zu hocken und vor sich ins Graue oder auf das Bild des Großvaters* zu schauen.

Sehr sanft und bildhaft deutet Paula hier an, wie ihr Vater vor der Autorität seines eigenen Vaters und vor dessen Ansprüchen sein Versagen im Beruf bekennen muß.

Hinter vielen beschönigenden Worten zeigt sich der Konkurrenzkampf, der zwischen den Generationen, zwischen

---

* Paul Adam von Becker (1808–1881), Direktor des Lycée Richelieu in Odessa.

Mann und Frau stattfindet, Paula sucht nach einem Ausweg für sich, wenn sie in einem Brief an die Eltern meint, nur für Durchschnittsmenschen gelte die Annahme, daß die Verhältnisse den Menschen prägen; der »Riese« sei davon ausgenommen.
Einen Tag nach Weihnachten bedankt sich der Vater für die ihm von Paula übersandten Skizzen:

[27.12.1897]

... Du mußt selbst wissen, ob Du mit dem Erfolge zufrieden sein kannst. Ich bin wie Du weißt der Ansicht daß alle Kunst ein Können ist, und daß die Technik, das Zeichnen, nicht als Beiwerk angesehen werden darf, welches auch weg bleiben kann. Bei aller Mühe, die ich mir gebe, die neuen Bilder zu würdigen, kann ich aber nicht finden, daß ihr diesem Grundsatz gerecht werdet. ... Ist es die jetzige Geschmacksrichtung eine Farbenskizze zu klecksen, so wird es dem Jünger schwer werden dagegen anzukämpfen. Blos der Gereifte wird mit einer selbständigen Auffassung durchdringen ...

Die Mutter dagegen macht Paula Mut und versichert: »... Deine Kunst giebst Du Dein Leben lang nicht auf, und Du teilst mit der größeren Zahl aller Deiner Mitstrebenden das Ringen gegen materielle Hindernisse ...«
Es fällt auf, wie wenige Briefe die Mutter an Paula schreibt. Der eigentliche Briefpartner ist der Vater, der Paulas Entwicklung mit Tinte und Feder in seinem Sinne vorzeichnen möchte. Paulas Briefe an die Eltern werden natürlich gemeinsam gelesen und besprochen; aber bei den sonntäglichen Leseveranstaltungen in der Familie Becker, für die von den auswärts lebenden Kindern Post erwartet wird, führt der Vater den Vorsitz. Und jedesmal, wenn es um existentielle Entscheidungen für Paula geht, hat Woldemar Becker das Wort.
Paula ahnt zuerst nur und erkennt dann nach und nach, daß

die Mutter still im Hintergrund dennoch arrangiert und organisiert und Paulas Wünsche unterstützt, die der Vater abgelehnt hat.

[An die Mutter, 1.11.1897]
... Ich lerne Dich mehr und mehr verstehen. Ich ahne Dich. Wenn meine Gedanken bei Dir sind, dann ist es, als ob mein kleiner unruhiger Mensch sich an etwas Festem Unerschütterlichem festhält ...

Zu Paulas Glück greift Anfang des Jahres 1898 zwar nicht das Schicksal, aber die begüterte Verwandtschaft in die Notlage der Familie Becker hilfreich ein.
Paula erbt von einer Tante des Vaters sechshundert Mark, und der Vater bekommt von seinem Stiefbruder Arthur als Geburtstagsgeschenk für die Ausbildung Paulas zwei bis drei Jahre lang monatlich fünfzig Mark. Obwohl der Vater bemerkt, die Verwandten seien »doch liebe Menschen« und die Art, mit der sie Paula helfen wollten, sei »eine besonders zarte«, mag es ihm nicht leicht gefallen sein, die Ausbildung seiner Tochter von anderen abhängig machen zu müssen. Der Vater freut sich mit Paula über den Geldsegen, träufelt aber in die gute Botschaft wieder seine Bedenken:

[31.1.1898]
... Wenn Du recht fleißig bleibst und Dir nach Kräften Mühe gibst wird hoffentlich Deine Begabung ausreichen, über dem Durchschnitt etwas zu leisten ...

Die finanzielle Not steht nun Paulas Berufswünschen nicht mehr im Wege. Statt dessen gerät Paulas Begabung in den Mittelpunkt der Familiendiskussion, und Fritz Mackensen soll nach Meinung der Eltern derjenige sein, an dem Paula sich zu orientieren hat.

[Die Mutter an Paula, 26.1.1898]
... Nun nagle Dich auch fest, zwinge Dich zu pedantischer Genauigkeit in Händen, Augen, Nasen. Mackensen sprach neulich beim Ansehen Deiner Studien von einem »lieblosen Ohr«. Das sagte er nicht humoristisch, sondern ernst wie ein Totenrichter ...

Paulas Mutter stellt sich vor, daß die Tochter ab 1. Juni 1898 bei Mackensen zeichnen und »seine wundervolle, haarscharfe Kritik genießen« soll. Paula hat nichts dagegen, in Worpswede weiterzumalen. Sie ist viel zu glücklich über die Wendung ihrer Lage zum Positiven und macht sich keine Gedanken über die Aussicht, Mackensen zum Lehrer zu haben.
Nachdem Paula bereits 1897 auf der Internationalen Kunstausstellung in Dresden und in den großen Galerien in Wien die Werke ihrer männlichen Zeitgenossen kennengelernt hat, läßt sie sich im März/April 1898 keine der wichtigen Berliner Ausstellungen entgehen. Im Gewerbemuseum waren neben vielen Franzosen*, Belgiern und dem Norweger Munch sechsundzwanzig deutsche Maler ausgestellt, darunter Liebermann, Menzel und Thoma. Im Gegensatz zur französischen Malerei bewegte sich die deutsche noch in der Tradition. Die unkonventionelle Malweise der Franzosen wird Paula in ihrem eigenen Weg fort vom deutschen Idealismus bestärkt haben.
Als Paula am 7. September nach Worpswede übersiedelt, stellt ihr neuer Lehrer Mackensen fest, daß seine Schülerin

vollständig in den Anfängen steckte, ja sogar den Weg zum Anfang in einer Damenschule, aus der sie kam, verloren hatte. Sie malte hier auch gleich tüchtig drauf los, obgleich ihr der feste Grund für das Können, das Gefühl für das

* u.a. Pissaro, Redon, Renoir, Signac, Toulouse-Lautrec, Manet.

Organische und die Beherrschung der Form vollständig fehlte. Da mußte ich ihr denn auch gleich eine große Enttäuschung bereiten ...

Mit dem ihren Eltern angenehmen Fritz Mackensen geriet Paula an einen männlichen Berater, der dafür sorgen wollte, daß sie ihr bisheriges Studium vergaß und wieder von vorn anfing. Es ist verständlich, daß Paula von der Worpsweder Landschaft, von den Menschen und von der Kreativität, die sie in jedem einzelnen Atelier erlebte, fasziniert war. Auf ihren wenigen Reisen und in den Ausstellungen hatte sie noch zu wenig von der Welt und der Kunst gesehen, um zu erkennen, daß die Worpsweder Malweise sich von den Veränderungen im Bereich der Kunst, die um die Jahrhundertwende wirksam wurden, nicht berühren ließ.
Mit Mackensen mischte sich nun wieder einmal ein Mann in Paulas Entwicklung, der sie mit aller Gründlichkeit auf den rechten Weg zurückbringen wollte. In der Erinnerung behauptet Mackensen:

... Aber sie hatte bald die Notwendigkeit einer Wandlung erkannt und sich mit einer Energie in das Studium des Kopfes und Aktes gestürzt, die mich in Erstaunen setzte. So sind unter meiner Leitung all' jene farbigen Zeichnungen entstanden, die aus ihrem Nachlaß bekannt sind. Das soll nun nicht etwa heißen, ich hätte in diese Zeichnungen hineingearbeitet ...

Zu leben und zu malen unter Männern, die alles besser zu wissen meinen. Mit vielen anderen Frauen um neunzehnhundert, die etwas für sich selbst wollen, wird Paula die Erfahrung machen, wie weit ihre Energie reicht, um sich durchzusetzen.
Mackensen irrte sich, wenn er meinte, Paula wollte unter seiner Anleitung ihre Kunst ändern. Je selbstbewußter sie

ihren Beruf verfolgte, desto weniger ließ sie sich von anderen hineinreden.
Paula war auch nicht mehr bereit, ihre Entwicklung in den Briefen an die Familie festzuschreiben. »... eigentlich ist das Schönste meines Lebens viel zu fein und zu sensibel, als daß es sich aufschreiben ließe«, erklärt Paula ihren Eltern. Der Widerstand der Familie gegen Paulas Beruf hat dazu geführt, daß Paula sich verschließt, um sich ihre Kraft und ihre Sensibilität zu bewahren.

[März/April 1898]

Das, was ich Euch schreibe, ist nur noch das Drum und Dran. Es ist das Gefäß, darin der Duft vieler köstlicher Augenblicke ruht.

Paula schickt ihre Studien nicht mehr nach Hause. Sie hat das Unverständnis ihres Vaters zu kraß erlebt, um noch die Unterstützung zu erwarten, die sie doch so dringend gebraucht hätte.

Ich soll Euch Sachen von mir schicken? Eigentlich möchte ich sie Euch lieber in den Ferien zeigen, es gibt so manches dabei zu erläutern ...

In Worpswede genießt Paula ihre Unabhängigkeit. Sie hat sich seit dem Herbst des vergangenen Jahres am Ortseingang von Worpswede bei den Bäckerleuten Siems ein Zimmer gemietet. Ihr ist versprochen worden, daß noch eine Kammer angebaut wird; denn der eine Wohnraum ist zu klein für ihre Möbel und Malsachen.
Zum ersten Mal verfügt Paula über eigene Mittel und kann selbst darüber bestimmen, wie sie wohnen und arbeiten will. Sie arbeitet so unbeschwert wie niemals vorher und nutzt die Zeit mit einer erstaunlichen Intensität.

[An die Eltern, 25.11.1898]
... zeichne, zeichne, zeichne und sehne die Zeiten herbei, wenn ich das erst kann, was ich jetzt möchte ...

Gleichzeitig fragt sie sich aber, als sie das Tagebuch der Marie Bashkirtseff* liest, ob sie etwa noch gar nicht richtig gelebt habe. Ernsthaftes Streben, Leistung, Pflicht hatte der Vater ihr vorgelebt und von ihr gefordert. Sie verstand in ihrer Kunst etwas zu leisten und es machte sogar Spaß, aber das Leben? Ohne den Druck von zu Hause wagt es Paula nun sogar, über ihre Freiheit nachzudenken.

[Aus dem Album**, 9. 11. 1898]
Die Meisten verarbeiten den größten Teil der Zeit, um zu leben, und das Bißchen, das ihnen an Freiheit übrig bleibt, ängstigt sie so, daß sie alle Mittel aufsuchen, um es los zu werden ... (Werthers Leiden)

Von Marie Bashkirtseff glaubt Paula: »Die hat ihr Leben so riesig wahrgenommen ...« Paula weiß nicht mehr, ob sie in Worpswede ihr Leben »riesig« wahrnehmen kann.
Ende des Jahres 1898 gerät Paula in Worpswede in eine Krise. Sie nennt die Zeit der Verunsicherung ihren »Malkater«. Die Worpsweder Romantik hat Paulas Gedanken und Gefühle aufgewühlt und durcheinandergebracht. Beim Lesen von Bismarcks Briefen, Goethes *Werther*, Marie Bashkirtseffs Tagebuch und Nietzsches *Zarathustra**** gewinnt Paula keine Klarheit, sondern das Chaos in ihrem Kopf nimmt zu. Ihr Lehrer Mackensen, der in Amsterdam

---

* Junge Russin, lungenkranke Malerin, die sich mit aller Energie in die Arbeit stürzte und großen Erfolg hatte. Ihr selbstkritisches, offenes Tagebuch erschien 1887. Marie Konstantinowna Bashkirzewa starb im Alter von 24 Jahren.

** Poesie-Album für Eintragungen von Notizen aus ihrer Lektüre.

*** z. B. »Allzulange war im Weibe ein Sklave und ein Tyrann versteckt. Deshalb ist das Weib noch nicht der Freundschaft fähig. Es kennt nur die Liebe ...«
– Also sprach Zarathustra –

zur Rembrandt-Ausstellung war, bringt noch mehr Verwirrung. Paula läßt sich von seinem »heiligen Feuer« für »diesen Giganten, diesen Rembrandt« anstecken, sie schwelgt mit Mackensen in Sentimentalität, schreibt im Tagebuch von dem »Gesunden, Urdeutschen, vom Heldenweib und stolzen Kriegern«.

Der deutsche Bildungsbürger hob seine Idole in Literatur und Kunst in den Himmel. Im Fall Rembrandt steigerte sich das zur Anbetung und führte zur Entstehung des sogenannten »Rembrandt-Deutschen«, der sich als Jünger des großen Meisters verstand.

Von Julius Langbehn war 1889 anonym *Rembrandt als Erzieher* erschienen, ein Buch, das den Worpswedern und Paula Becker gewiß bekannt war. Dieses gefühlstriefende Buch hatte einen gewaltigen Erfolg in Deutschland. B. Momme Nissen stimmt in seinem *Bilderbuch zu Rembrandt als Erzieher* mit Langbehn in die Begeisterungshymnen ein:

... das ganz direkte *Aufquellen* aus der *Natur* ... Rembrandt ist ... ein *rechtes Erdgewächs* ... Seine Kunst *riecht* nach der *Scholle.* Zugleich aber ist in ihr etwas *Flüssiges* und *Schäumendes* und *Unendliches,* was der Welle des Meeres gleicht ...*

In solcher Gefühlsduselei findet Paula keine Antwort auf ihre Lebensfragen. Bei aller Schwärmerei mischt sich Kritik in ihre Beobachtungen, wenn sie Mackensen vor seinem »Gott Rembrandt« erlebt.

[Tagebuch, 18.10.1898]

Ihm liegt er voll Bewunderung zu Füßen und folgt inbrünstigen Schrittes seinen Spuren. Wenn er Dürer zitiert, so tut er

---

* B. Momme Nissen: Die Kunst Rembrandts. Verlag Josef Müller, München 1923 (Hervorhebungen vom Verfasser).

es mit einer Feierlichkeit in Ton und Gebärde, als wenn ein frommes Kind seine Bibelsprüche hersagt.

Wenn sie sich selbst nicht aufgeben wollte, durfte Paula sich in der Kunst keine Götter machen. Paula rettet sich aus ihrer Verunsicherung zu den Alten aus dem Worpsweder Armenhaus, die ihr Modell sitzen und ihr vom Alltäglichen erzählen. Das einfache Leben der Einwohner, der Frauen, Kinder und Alten zieht Paula aus dem Wolkenkuckucksheim wieder auf die Erde zurück.
Dieser zweite Aufenthalt in Worpswede macht Paula bereits bewußt, daß die »Versunkene-Glocke-Stimmung«* nur ein Traum war. Paulas feines Gespür warnt davor, sich in die Naturseligkeit der Worpsweder Maler hineinfallen zu lassen und darin unterzugehen. Paula sieht auch die Worpsweder Liebespaare nicht mehr so gefühlsverklärt wie am Anfang. Heinrich Vogeler läßt seinen Barkenhoff vergrößern. Martha, die Lehrerstochter, »stickt für ihn Wandschirme und Matten und lebt sich tief hinein in den Geist seiner Kunst«. Betroffen und ein wenig enttäuscht wehrt sich Paula dagegen, daß das Verhältnis der beiden, das ihr so zart und träumerisch erschienen war, »einen Allerweltsschluß haben sollte«.
Für sich selbst war Paula nicht auf der Suche nach dem, was alle Welt machte. Sie wollte auch nicht, daß Worpswede alle Welt sei, aber schon im Dezember 1898 kann sie nicht mehr recht an die Außergewöhnlichkeit glauben, die sie sich in Worpswede hineingewünscht hatte.
Ihre Euphorie hat ein Ende, als Mackensen von ihr verlangt, sie solle sich »klein fühlen vor der Natur«, und die Natur solle ihr »größer werden als der Mensch«. Paula weigert sich; ihr ist der Mensch größer.

---

* Anspielung auf Gerhart Hauptmanns Drama *Die versunkene Glocke,* Tagebuch 16.12.1898.

Ottilie Reylaender, die gleich Paula Schülerin von Mackensen war, erzählt aus der Erinnerung, daß Paula ihr großes Vorbild gewesen sei. Paula habe sie dazu beeinflußt, nicht mehr die »Natur abzumalen«, sondern zu »komponieren«.
Und da ist noch eine Frau – die Bildhauerin Clara Westhoff –, die schon ein halbes Jahr vor Paula bei Mackensen ihren Unterricht im Zeichnen und Modellieren begonnen hat. Paula spürt eine starke Zuneigung zu ihr: »Die möchte ich zur Freundin haben.«
Paula und Clara widerlegen Nietzsches Behauptung, daß Frauen zur Freundschaft nicht fähig seien. Sie mögen sich vom ersten Augenblick, ihre Freundschaft hält Belastungen aus und dauert bis zu Paulas frühem Tod.
Mit Clara zusammen kann Paula ihre Freude und ihren Übermut ausleben: »Wir sind heute auf kleinen Pritschschlitten den Berg hinuntergesaust. Das war eine Lust ...«, schreibt sie in ihr Tagebuch.
Paula will sich nicht in ihrer Kunst vergraben. Dazu ist sie viel zu lebendig.

[Tagebuch, undadiert]

Mich befriedigt das Zeichnen nicht. Ich will immer weiter, weiter. Ich kann die Zeit nicht erwarten, daß ich was kann. Und dann sehne ich mich wieder nach dem Leben ...

Über die Zeit von September bis Dezember 1898 in Worpswede gibt es wenige Briefe, aber sehr viele Tagebuch- und Albumeintragungen von Paula. Mackensen, von Emden, Vogeler, Clara Westhoff werden erwähnt. Über einen schweigt Paula sich aus: über Otto Modersohn.

[Tagebuch, 14.10.1898]

Ich ging durch das dunkle Dorf. Schwarz lag die Welt um mich her, tiefschwarz. Es war, als ob mich die Dunkelheit berührte, mich küßte und streichelte. Ich war in einer andern

Welt und ich fühlte mich selig da, wo ich war. Denn es war schön. Und ich kam wieder zu mir und war froh, denn hier war es auch schön und dunkel und weich, wie ein lieber, großer Mensch. Und die Lichtlein leuchteten in den Häusern und lachten hinaus auf die Straße und mir zu. Und in mir lachte es wider, hell und freudig und dankbar. Ich *lebe*.

In der Landschaft Worpswede findet Paula soviel an Weite und Stille, wie sie zum Malen braucht. Die Einsamkeit und Einfachheit wird ihre Malatmosphäre; Landschaft aber wird nicht ihr Thema. Das unterscheidet sie von Anfang an von der Heimatkunst der Worpsweder Maler.
Seit der begeisterten Zustimmung des Publikums auf der Münchener Ausstellung sind Mackensen und seine Freunde davon überzeugt, etwas Außerordentliches in der Kunst hervorgebracht zu haben, nicht nur einen gefühlvollen Ableger des Impressionismus. Um so abseitiger müssen die Maler deshalb Paulas klare Malweise, die organisiert, plant und alles Beschönigende wegläßt, empfunden haben.
Aber das ist nicht der einzige Grund, warum Paulas Kunst in Worpswede nicht beachtet wird. Zuerst und vor allem ist Paula für ihre männlichen Kollegen eine Frau, wenn auch eine Frau, die malt – so wie zum Beispiel Hermine Overbeck, die 1896 Schülerin von Overbeck war und ihren Lehrer 1897 heiratete.
Frauenkunst konnte sich unter der etablierten Männerkunst jahrhundertelang nur dürftig entfalten. Und wenn mal eine Frau Bedeutung in der Malerei erlangte, so wie Judith Leyster* im 17. Jahrhundert, so blieb sie doch im Schatten ihres Lehrmeisters: Jedermann sah die Arbeiten von Judith Leyster im Zusammenhang mit der Kunst von Frans Hals.
Mackensen kann denn auch nichts anderes, als Fehler in Paulas Malweise entdecken. Er mißt Paulas Arbeiten an

---

* Siehe S. 20

seiner Einstellung und daran, wie sie unter seiner Anleitung malt. Er kann überhaupt nicht begreifen, daß sie auch ohne ihn malen kann. An dieser Meinung hält Mackensen unbeirrbar fest. So kann er in seinen Erinnerungen an Paula Becker nach ihrem Tode auch nur wieder darauf zurückkommen, Paula habe sich nach ihrer Pariser Zeit von den Einflüssen der modernen Malerei wieder befreien wollen, um in Worpswede zur Natur zurückzukehren. Für Mackensen bleibt Paula Schülerin, auch als sie ihre Meisterwerke schon längst gemalt hat.
Ende 1897, auf der Rückfahrt von Wien nach Berlin, hatte Paula ihren Eltern geschrieben, sie glaube nicht daran, daß die Umstände den Menschen bildeten, ihn prägten. Nun, da sie in Worpswede lebt, merkt sie aber wieder die Umstände, die sie meinte überwunden zu haben, als sie von zu Hause wegging.
Und sie ist klug genug, ihre Illusionen aufzugeben.
»Ernstes Streben und Leben für die Kunst, ein Ringen und Kämpfen mit allen Kräften« nimmt sie sich am 16.12.1898 in ihrem Tagebuch vor. Sicher ist ihr noch nicht klar, daß sie ihr Können unabhängig von der Zustimmung ihrer Umwelt wird aufbauen müssen. Das bedeutet Verzicht auf Geborgenheit, ein ständiges Schwimmen gegen den Strom. Ihre Herkunft verhinderte aber auch, daß Paula eine tiefere Beziehung zu den Alten in Worpswede, zu den Kindern, den Frauen und Armenhäuslern herstellen oder sich gar mit deren sozialer Situation identifizieren konnte. Ihr Kampf ist kein Kampf mit anderen gegen soziales Elend. Was Paula tun kann, ist in ihrer Kunst die Wahrheit zu sagen, die Menschen so zu malen, wie sie sind. So übt Paula in ihrer Art Solidarität, ohne dazuzugehören. Schon im nächsten Jahr wird sie die Konsequenzen aus ihrem Entschluß tragen müssen.

»... elende Unfähigkeit einer primitiven Anfängerin«

Das Faszinierende und heute noch Progressive von Paulas Kunst wird besonders deutlich in ihren Kinderbildnissen. Paula hütete sich davor, die Kinder dazu zu benutzen, um irgendein weltanschauliches Anliegen oder Vorstellungen des Erwachsenen von Kindlichkeit in sie hineinzumalen. Paula nahm die Kinder in ihrer Persönlichkeit ernst, sie schuf keine niedliche, heile Kinderwelt. Diese künstlerische Einstellung war ihr vielleicht aus eigenen Erfahrungen in ihrer Kindheit und Jugend erwachsen, als sie unter dem Druck der Familie in ihrer Entwicklung gelenkt werden sollte. Paulas Erfahrungen liegen ja noch nicht allzu weit zurück, und auch nach ihrer Volljährigkeit hört die Familie nicht auf, ihr in ihren Beruf hineinzukritisieren.
Paula will sich nicht manipulieren lassen. Um so wichtiger ist es für sie, in ihrer Malerei konsequent zu bleiben. Ihre Porträts und Selbstporträts bedeuten das Recht auf Persönlichkeit. Menschen sind für Paula Becker keine Objekte. Ihr Bestreben, alles Unwesentliche, Anekdotische, Zeitgebundene aus den Menschenbildnissen wegzulassen, hängt mit dieser durchaus politischen Einstellung zusammen.
Paula zeichnet die Kinderakte häufig ohne Hintergrund. Wenn sie den Kindern Pflanzen, Ketten oder Tiere beigibt, so haben diese Attribute nur symbolische Bedeutung, die das Charakteristische im Ausdruck der Persönlichkeit hervorheben und künstlerisch vollenden sollen.
Paulas Bilder klagen keine sozialen Mißstände an. Ihre Malerei ruft nicht dazu auf, für eine Veränderung initiativ zu werden. Dennoch provoziert sie durch ihre schonungslose Offenheit, mit der sie Menschliches zum Ausdruck bringt. Der Mädchenakt, den sie 1899 mit Kohle und Farbkreide zeichnet, hat nichts Liebliches, Verspieltes. Das Mädchen wirkt ernst, verschlossen; aber seine Unbeholfenheit und

seine körperliche Unvollkommenheit strahlen gleichzeitig eine andere Art von Schönheit aus, ein unberührbares Selbstverständnis.
Bereits Anfang 1899 ahnt Paula, daß sie sich von Worpswede fortentwickeln wird. Sie fühlt sich nicht aufgenommen unter den Worpswedern, die sich in ihren Kleinfamilien abschließen und einmal in der Woche beim Kegelabend »eine lustige Rolle« spielen. So kleinkariert hat Paula sich das Malerleben nicht vorgestellt. Beim Lesen der *Wahlverwandtschaften* von Goethe fällt ihr auf, daß verheiratete Frauen ihre Anhänglichkeit an den Mann »durch keine Art von Trennung aufheben lassen«; in Worpswede erlebt sie, daß verheiratete Frauen aufhören, miteinander befreundet zu sein, und daß sie sich »gegen junge Mädchen« zusammenschließen.
Im Februar fährt Paula für eine Woche nach Berlin.
Aber so sehr ihr Worpswedes Beengtheit bewußt geworden ist, so unsicher fühlt sie sich unter den modernen Frauen in Berlin. Vielleicht hat sie Jeanne Bauck besucht; denn sie erwähnt in einem Brief an die Eltern wieder das »Ruppig-Struppige«, diesmal auf sich selbst bezogen.
Hin- und Hergerissen zwischen dem Selbstbewußtsein, das die aufgeklärten Frauen verkörpern, und der »träumerischen Grazie« der Worpswederinnen neigt Paula doch noch lieber zu ihrem Moordorf.
»Es liegt uns Frauen nun einmal nicht, Ausnahmen zu sein«, schreibt sie in ihr Album.
Aber die Frauen in Worpswede hüten ihre Familiennester. Paula fühlt sich als Eindringling, wenn sie mutig versucht, eine »menschensuchende Politik zu betreiben«. Bei Overbecks »liegt alles so sehr hinter Schloß und Riegel«.
Carl Vinnen* hat im März in Bremen eine Ausstellung

* Carl Vinnen (1863–1922), Maler, den Worpswedern nahestehend, lebte in der Nähe von Worpswede.

gehabt und erhält einen Monat später in Dresden die große Goldene Medaille. Paula freut sich darüber. Und sie freut sich noch mehr, als Vinnen sie nach einem Fest bei Modersohns in ihrem Atelier besucht und ihre Arbeiten anschaut. Sie möchte ja nichts lieber, als mit ihrer Arbeit von den Worpswedern akzeptiert zu werden. Paula ist dankbar, daß »solch ein Künstler« sie »ernst nimmt«.
Die wenigen persönlichen Kontakte und der noch seltenere Austausch über Berufliches lassen Paula fühlen, wie allein gelassen sie in Wirklichkeit mit sich und mit ihrer Kunst ist. Im *Buch der Freundschaft* von Rolf Hetsch verwahrt sich Mackensen nach Paulas Tod gegen den Vorwurf, man habe sich in Worpswede nicht genug um die Malerin gekümmert: »Ich erinnere mich, wie gerne sie tanzte und wie sie stolz war, wenn sie beim Kegeln alle Neune warf ...«
Von Gesprächen über Malerei, von Paulas Arbeit, ist dabei nicht die Rede.
Als im Frühsommer wieder Gäste nach Worpswede kommen, u.a. Carl Hauptmann, der Bruder Gerhart Hauptmanns, und mehr Geselligkeit in den Häusern und im Freien stattfindet, schöpft Paula neue Hoffnung, doch noch im Kreise der Maler aufgenommen zu werden. Sie sammelt Sympathien, die als »Punkte« gegenseitig vergeben werden, und meldet nach Hause, sie habe »Punkte« mit Clara Westhoff, Marie Bock und Otto Modersohn. Es kommt nun auch wieder zu Kunstgesprächen, Feste werden gefeiert, Paula fühlt sich wohler und hat sofort neue Malideen. Menschenmalen braucht viel Zusammensein mit Menschen.

Paulas Eltern haben inzwischen ihr Haus an der Schwachhauser Chaussee verlassen müssen und sind in eine neue Wohnung am Weserufer umgezogen. Die Familie muß sich einschränken, und Paulas unsichere Berufssituation führt zu neuen Vorwürfen gegen Paula, die es sich nach Meinung der

Familie in Worpswede gutgehen läßt und egoistisch ihre Zeit im Freudenrausch vertändelt.
Paulas Mutter wird von der Existenznot der Familie verunsichert und fühlt sich nun ebenfalls verpflichtet, Paula unter Druck zu setzen.
Nach einem Urlaub mit der Familie schreibt Paula von September bis November Rechtfertigungsbriefe an die einzelnen Familienmitglieder. Sie bittet um Geduld. Sie arbeite ja intensiv an ihrer Kunst.

[An Milly, 21.9.1899]

Ich verlebe jetzt eine seltsame Zeit. Vielleicht die ernsteste meines kurzen Lebens. Ich sehe, daß meine Ziele sich mehr und mehr von den Euren entfernen werden, daß Ihr sie weniger und weniger billigen werdet. Und trotz alledem muß ich ihnen folgen. Ich fühle, daß alle Menschen sich an mir erschrecken, und doch muß ich weiter. Ich darf nicht zurück. Ich strebe vorwärts, gerade so gut als Ihr, aber in meinem Geist und in meiner Haut und nach meinem Dafürhalten ...

So schnell, wie die Eltern es sich wünschen, kann sie keine Erfolge vorweisen.
Die Eltern geben sich aber nicht zufrieden. Sie wollen nach vier Jahren Malstudium endlich Ergebnisse sehen. Paula reagiert abweisend:

[15.11.1899]

... Ich lebe mein Leben weiter. Viel zu schreiben gibts nicht davon, denn gerade das, was ich schreiben würde, sind all die kleinen Sachen, die es ganz und gar nicht ausmachen. Von der großen, lebendigen Seele, von der Kunst mag ich nicht schreiben ...

In dieser gespannten Atmosphäre wagt es Paula, im Dezember 1899 ihre Arbeiten in der Bremer Kunsthalle auszustel-

len. Über die Kritik des Bremer Kunstpapstes Arthur Fitger ist viel berichtet worden. Sie strotzt von vernichtenden Angriffen und erklärt, daß die Kunsthalle durch solchen Dreck wie Paula Beckers Bilder entweiht würde.
Wenn die Übertriebenheit dieser Kritik auch manchen liberalen Bremer mißtrauisch machte, so werden Paulas Eltern doch in ihrer Meinung bestätigt, daß die Tochter unfähig ist.
Am Heiligabend erscheint von Carl Vinnen, über dessen Lob Paula sich im Frühjahr gefreut hatte, eine Entgegnung auf die Kritik. Vinnen verwahrt sich gegen die Maßlosigkeit Fitgers und stellt im übrigen fest, daß die Arbeiten Paulas unreif sind. In einem persönlichen Brief an Paula fügt er hinzu, sie habe »Verfehltes« geleistet.
Vinnen läßt auf die feine Art durchblicken, daß auch er sich im Zweifelsfalle auf die offizielle Seite schlägt. Paula wird sich gefragt haben, ob sein früheres Lob etwa nicht ernst gemeint war.
Der einzige, dem Paula ihre Stimmung zwischen Trauer und Sarkasmus offen anvertraut, ist Otto Modersohn. Am 30. Dezember schreibt sie ihm, daß sie ihre große Reise nach Paris antreten wird.
Sie fühlt vielleicht schon, daß sie vieles hinter sich lassen muß, um weiterzukommen.
Paula fährt nach Paris um der Kunst willen. Sie läßt ihre Familie, die Freunde, die Worpsweder zurück und in tieferem Sinn auch ein Stück deutscher Geschichte.
Ihre Eltern begreifen die Paris-Reise wohl eher als Entfernung von dem peinlichen öffentlichen Mißerfolg. War nicht auch der Vater nach seiner Entlassung aus dem Beamtendienst aus Bremen fortgereist?
Was Woldemar Becker sich nicht klar macht: Paula läßt sich nichts gefallen. Wenn ihre Fahrt nach Paris eine Flucht ist, so eine Flucht nach vorn.

»Ihr scheint mir's zwar nicht zuzutrauen, aber ich«

Paris ist für den deutschen Bürger des neunzehnten/Anfang zwanzigsten Jahrhunderts, besonders, wenn er in kleinen Städten aufgewachsen ist, ein Beispiel für Leichtlebigkeit, ja sogar Lasterhaftigkeit.
Paula beeilt sich, ihren Eltern schon von der Bahnfahrt Schauderliches zu berichten. In ihrem »Damenabteil« reiste ein »Tingel-Tangel-Mädchen« mit. Paula rühmt sich, den »Tingel-Tangel-Freund« dieses Mädchens durch strengen deutschen Blick in der Tür festgenagelt zu haben, so daß er sich nicht einzutreten getraute.
In den ersten Briefen an die Eltern hebt sie den Schmutz von Paris hervor: »... zu dreckig. Scheußliche Absynthgerüche und Zwiebelgesichter und eine wüste Sorte von Frauen ...«
Aber nicht nur ihren Eltern, auch Otto Modersohn meint sie das deutsche Wesen gegenüber dem französischen aufwerten zu müssen: »... viel Korruptes und Degeneriertes. Ich glaube, wir Deutschen sind doch bessere Menschen ...«
So weit sich Paula in ihrer Kunst bereits nach vorn getraut und befreit hat, so ängstlich ist sie persönlich bestrebt, sich Zügel anzulegen. Sie will sich privat gern alles versagen, wenn sie nur ihren künstlerischen Weg weitergehen kann. Deshalb laviert und taktiert sie, um Eltern und Freunde nicht noch mehr zu verschrecken.
Uneingestanden reizt es sie vielleicht doch, ihr Leben »so riesig« wahrzunehmen wie Marie Bashkirtseff*.
Als ihr einmal im Zusammenhang mit Clara Westhoff etwas Positives zum Pariser Nachtleben in die Briefzeilen rutscht, kommt der Vater sofort mit der Warnung, lieber die Verbindung zu Clara, die bei Rodin arbeitet, abzubrechen. Der Vater vermutet, Paula lasse sich von Clara als der »stärkeren Natur« beeinflussen.

* Siehe S. 45

Die Familie in Bremen schlägt sich mit Paulas Mißerfolg herum, Freunde und Bekannte werden seit der Ausstellung unangenehme Fragen gestellt haben, gewiß keine einfache Situation für die Eltern, die ja selbst genügend Probleme zu bewältigen haben. Ein Schuldiger muß her. Die Familie mag nicht davon ausgehen, daß Paula selbst die Urheberin ihrer besonderen Entwicklung ist, und die Familie darf natürlich erst recht nichts damit zu tun haben. Der Vater hat wohl nicht ganz Unrecht, wenn er meint, das »Moderne« in Paulas Malerei habe die Gemüter derart erregt. Er kann aber nicht zugeben, daß dies »Moderne« von Paula kommt. Zu den Modernen gehören für Woldemar Becker auch die Worpsweder:

[8.1.1900]

... je mehr Du Worpswede abschütteln kannst, je weniger Du von dem albernen Worte modern an Dir behältst, desto mehr bist Du einen Schritt vorwärts gekommen ...

Und Clara Westhoff hat für den Vater erst recht etwas von den schädlichen Modernen an sich.
Paula beeilt sich denn auch, ihn zu beruhigen. Sie meide jetzt den Umgang mit Clara.
Durch die räumliche Entfernung Bremen/Paris ist der Druck von zu Hause nicht etwa beseitigt. Genau wie zu Zeiten der Englandreise 1892, Paulas erstem großen Ausbruchsversuch, werden die Elternbriefe wieder zu Druckmitteln, um Paula zur Anpassung zu bewegen. Also gibt Paula erstmal nach:

[18.1.1900]

... Ich besuche andere Kurse als Clara Westhoff, habe überhaupt eine andere Lebensweise als sie. Für heute genug. Deine beiden Briefe haben mich doch ein wenig deprimiert. Sie klangen so durch und durch unzufrieden mit mir. Ich sehe von der Sache auch gar kein Ende. Ich muß doch ruhig meinen Weg weiter gehen. Na, wenn ich erst was kann, dann wird's besser. Ihr scheint mir's zwar nicht zuzutrauen, aber ich.

Außer Clara Westhoff hat Paula in dem halben Pariser Jahr niemanden, der ihr unvoreingenommen geraten hätte, ihr Ziel mutig weiterzuverfolgen.
Paulas Vater möchte die Menschenbilder seiner Tochter »zierlicher«, vielleicht ist ihm auch die Tochter nicht zierlich genug. »Schön ist, was Genuß bereitet«, schreibt er und deutet in einem Nebensatz an, auch ihm hätten ihre ausgestellten Worpsweder Arbeiten nicht gefallen. Statt der häßlichen Worpsweder Hängebäuche solle sie nun in Paris zierlichere Menschenfiguren malen; dann würde ihre Kunst gefallen.
Zu Hause ist man erschrocken über dieses »Männliche« in Paulas Kunst. Wenn sie nun etwa eine dieser emanzipierten Frauen würde, die in Berlin und anderswo von sich reden machen? Woldemar Becker begreift nicht, warum seine Tochter nicht eine Frau wie alle anderen werden will.
Paula fühlt den Widerstand, die Abwehr des Vaters und schiebt geschwind das Robuste, Stabile auf Clara Westhoff. Die wirke in Paris so »riesenhaft, überlebensgroß«, teilt sie ihrem Vater und auch Otto Modersohn mit, ja, Clara sei sogar ein wenig tölpelhaft, sie stoße bei jeder Bewegung einen Tisch oder einen Stuhl um. Paula dagegen schmücke ihr Zimmer mit Rosen, Narzissen und Mimosen, habe sich Besen und Geschirrtücher für ihren Haushalt besorgt, halte auf Ordnung und Sauberkeit. Ist Paula mit sich selbst im Zweifel – oder schreibt sie wieder einmal das, was die Familie hören will?
Zu Paulas Geburtstag werden ein paar Versöhnungsbriefe ausgetauscht, aber der Vater deutet schon an, daß die

Worpsweder Ausbildung ein Fehler gewesen sei. Im übrigen meint er, Paula solle Landschaftsmalerin werden, damit sich ihre Bilder verkaufen ließen.
Was Paula aus dem ersten Paris-Aufenthalt für sich und ihre Kunst gewinnt, ist in den Briefen an die Eltern nicht enthalten. Paula kann mit den Erwartungen der Familie inzwischen besser umgehen und teilt ihnen mit, sie habe in der Schule von vier Professoren eine Medaille für ihre Arbeiten erhalten. Für die Mutter malt sie sich als Medaillenträgerin auf einer Postkarte. Paula ist ehrlich genug zu erwähnen, daß die Medaille nichts mit dem zu tun hat, was sie wirklich in Paris lernt: »... Das sitzt viel tiefer.«
Unabhängig von den äußeren Erlebnissen und den Berichten über Ausflüge, Atelier-Erlebnisse, Bekanntschaften und französisches Wesen entwickelt sich das Echte und Tiefe in Paulas Bildern, die sie in Paris malt.
Der Kinderkopf mit weißem Tuch, der in Paris entsteht, zeigt bereits die Übereinstimmung mit Bildern der Pariser avantgardistischen Kunst. Die klar umrissene Form und die in die Bildfläche eingegrabene Linie, der kreidig-trockene Farbauftrag, das Gesicht, das aus diesem Grund wie eine Erscheinung ausdrucksstark auftaucht, ist ähnlich bei Gauguin zu finden, bei Denis, Sérusier, Odilon Redon.
Paula ist eine unermüdliche Besucherin sämtlicher, auch kleinster Ausstellungen. Sie lernt die Symbolisten von Pont Aven kennen, die genau wie Paula die Freiheit von Form und Farbe anstreben. Bei Redon finden sich so wie in Paulas Kinderbild schwermütige Gesichter, ernst gesenkte Köpfe und geschlossene Lider.
Vielleicht hat Paula Bilder von Picasso entdeckt, die um 1900 bei der Kunsthändlerin Berthe Weill ausgestellt sind. Jedenfalls sind ihr Arbeiten von Nolde begegnet, von Cottet, Simon, Jean Pierre, und bei Vollard macht sie Bekanntschaft mit den Bildern von Cézanne. Clara West-

hoff erinnert sich, wie Paula ihr eines Tages im Laden des Kunsthändlers die Bilder von Cézanne zeigte, die sie offenbar schon früher entdeckt hatte. Die Ähnlichkeit der Malweise beider Künstler fiel Clara Westhoff sofort auf.
In der geistig-künstlerischen Auseinandersetzung mit den französischen Modernen erreicht Paula das, was sie für ihren eigenen Stil braucht. In dem erwähnten Kinderbild ist das Wesentliche der menschlichen Erscheinung in seiner Gesamtheit gleichsam aus dem Dunkel des Innern herausgehoben und in die Bildfläche gebannt.
Um diese Ausdruckskraft zu erreichen, mußte Paula aber zu den neuen Formen in der Malerei kommen, die in Paris schon probiert wurden. In Deutschland dagegen war das Alte noch an der Macht.
Unerwartet erhält Paula im April von Heinrich Vogeler aus Worpswede einen ehrlichen Brief zur Worpsweder Lage. Vogeler wundert sich selbst über seine Offenheit gegenüber Paula und begründet es mit der auffälligen Wandlung, die Paula künstlerisch durchgemacht habe. Vogeler ist Künstler genug, um Paulas Vorsprung wahrzunehmen.
Neid klingt aus dem Brief über Paulas Freiheit und Möglichkeiten in Paris und Mißmut über die Worpsweder »Villencolonie«, wo einer sich vor dem anderen abschließt.
Paula überhört die Warnung. Sie will im Sommer wiederkommen.
»Ob ich dann auch auf dem Sopha sitze und meine kleinlichsten Gefühle hüte?« fragt sie in ihrem Antwortbrief.
Das Studiengeld des Onkels ist bald aufgebraucht. Paula wird in diesem Jahr 1900 von allen Seiten in die Enge gedrängt und erfährt zum wiederholten Male ihre Abhängigkeit.
Sie wünscht sich, verstanden, ernst genommen zu werden. Sie sehnt sich nach einem Menschen, mit dem sie in ihren Gedanken und Gefühlen übereinstimmen kann, und nennt

das – aus der Lektüre des Bashkirtseff-Tagebuchs – eine »Schwesternseele«.
Wo sie aber »Schwesternseele« sagt, wendet sie sich an einen Mann und merkt nicht den Widerspruch. Am Beispiel ihrer Mutter und Schwestern hat sie gelernt, sich mit allem, was die Frau betrifft, an den Mann zu wenden. Sie kann noch nicht anders, als davon ausgehen, daß ihre Emanzipation durch Männer erfolgt. Mit allen Zwängen ihrer Erziehung belastet, hat sie nicht die Kraft, sich Frauenemanzipation mit anderen Konsequenzen vorzustellen.
Otto Modersohn war von den Worpswedern derjenige gewesen, der im Herbst des vergangenen Jahres ihre Arbeiten angesehen und zu Paulas Erstaunen überschwenglich gelobt hatte. Solches Lob mußte sie, die ja so wenig Ermutigung erfahren hatte, gierig aufgesogen haben. Jetzt möchte Paula, daß Otto Modersohn nach Paris kommt. Durch sein Einverständnis mit ihren Arbeiten geht Paula davon aus, auch Modersohn sei auf einem neuen Weg und verstünde sich, genau wie sie selbst, als noch im Aufbruch, auf der Suche nach neuen Formen in der Kunst.
Mit einemmal kann Paula Briefe schreiben, findet sie Worte, die berühren. Es wird deutlich, wie wichtig ihr – von Paris aus – der Kontakt zu Otto Modersohn ist. Er ist für sie der Mann »mit den feinen Fühlfäden«, der im Geistig-Künstlerischen wie auch im Erotischen ein Partner sein könnte. Mit großer Naivität und phantastischer Vorstellungskraft macht sich Paula eine Idealfigur vor, die im neunzehnten und auch im zwanzigsten Jahrhundert trotz aller partnerschaftlicher Annäherungsversuche nicht existiert. Sie erhofft sich ein gegenseitiges Verständnis, Förderung, Freiheit – und merkt nicht, daß sie, indem sie sich auf diesen Mann einläßt, den Verlust ihrer so mühselig errungenen kleinen Freiheit riskiert.
Modersohn reagiert nur zaghaft auf ihre Briefe. Er ist

verheiratet. Und was die Kunst betrifft, so macht er sich über die französische Malerei seine deutschen Gedanken:

[25.3.1900]

... Überhaupt sähe ich gern französische Kunst, alte und neue, wenn man auch schließlich mit um so schärferem Nachdruck zum eigenen Schaffen zurückkehren würde. Denn es ist ein Hochgenuß, ein Deutscher zu sein, deutsch zu fühlen, deutsch zu denken ...

Paris und Worpswede. Die beiden Orte bestimmen von Anfang an die Problematik in der Beziehung zwischen Paula Becker und Otto Modersohn. Wenn Otto die Paris-Briefe von Paula richtig gelesen hat, muß er sich darüber klar sein, daß Paula mehr von ihm erwartet als ein paar gemeinsame Tage auf der Weltausstellung. Für Paula bedeutet sein Kommen, daß Modersohn ihre Kunstvorstellungen teilt. Den deutlich anderen Standpunkt in seinen Briefen überliest sie großzügig.
Was außer dem Künstlerischen zwischen beiden vorgeht, trägt dazu bei, den Blick auf die Realität zu verschleiern. Weil Paula sich von Modersohn im Erotischen angenommen fühlt, ist es für sie keine Frage, mit ihm dahin zu gelangen, wohin *sie* will.
Otto zögert, nach Paris zu kommen. Wichtige Arbeiten hielten ihn in Worpswede zurück, gibt er ahnungsvoll vor. Dann kommt er aber doch, zusammen mit Overbecks und Marie Bock.

Paula und Otto kommen nicht dazu, die versteckten Ansprüche offenzulegen. Sie haben nur sieben Tage miteinander in Paris, dann erfordert der plötzliche Tod von Modersohns Frau, die am 14.6.1900 nach langer Krankheit an einem Blutsturz stirbt, seine Heimkehr nach Worpswede.

Paula hatte eigentlich gemeinsam mit den anderen zurückfahren wollen, um in Worpswede den Sommer über weiterzustudieren. Nun reist sie für kurze Zeit zu ihren Eltern nach Bremen. Aber Bremen ist nach dem Fiasko in der Kunsthalle für Paula kein Ort mehr, um zu leben, und die Familie kommt wieder mit der alten Forderung, Paula müsse endlich Gouvernante werden. Ihr Malvergnügen habe lange genug gedauert. Paula dagegen hatte sich vorgenommen, im Herbst wieder nach Paris zu gehen.
Finanziell am Ende und mit der Aussicht, als Lehrerin in Stellung gehen zu müssen, trifft Paula Ende Juni 1900 in Worpswede ein.
Ein drastischer Vaterbrief vom 4. Juli schreibt noch einmal fest, wie Paula sich nach Meinung der Familie verhält:

sich in neue Ausgaben stürzen
abentheuerlich
keinesfalls klar, was Du anfangen kannst
Geld aufnehmen
nicht in der Lage, es zurückzuzahlen
mit einer Schuld schleppen, die Dich moralisch und physisch erdrücken wird
in den Tag hinein leben

Was Paula statt dessen zu tun hätte, steht auch im Brief:

einen Plan machen
sich nach einer Stelle umsehen
sich rechtzeitig darum bewerben
arbeiten und Geld sparen
auf eigene Faust in Paris oder München weiterstudieren
zu einem Entschluß kommen
je früher desto besser
rechtzeitig für die Zukunft vorsorgen
vernünftig sein

Gouvernante zu werden, hieße für Paula, das Malen aufzugeben. Paula kann ihre Kunst nicht nebenbei machen, sie braucht ihre ganze Kraft dafür.
Gegen diese Forderungen der Familie wehrt sich Paula – wie bereits in früheren Krisensituationen – mit Schwächeanfällen. Der Arzt verordnet ihr eine Liegekur.
Als Fluchtpunkt, um sich zurückzuziehen und auszuruhen, ist Worpswede ein guter Ort. Paula wohnt in ihrem neuen Atelier bei Hermann Brünjes in Ostendorf, malt und macht sich Gedanken über ihren Tod.
Sie schiebt das Sterben aber noch hinaus, will vorher drei gute Bilder malen und will sich noch verlieben. Otto Modersohn besucht Paula häufig in Ostendorf, um ihr die Langeweile zu vertreiben. Er liest ihr vor, ist besorgt um sie. Und natürlich redet er ihr nicht zu, sich um eine Stellung zu bewerben, im Gegenteil.
Otto will, daß Paula Malerin bleibt. Mit dieser Einstellung unterscheidet er sich wesentlich von anderen Männermeinungen über Paulas Kunst. Vor allem hat Paula jetzt gegen ihren Vater einen Mann neben sich.
Weitermalen zu können, ist für Paula der wichtigste Bestandteil der Beziehung zu Otto Modersohn.

Wir haben uns ja die Hände gereicht, um mit vereinten Kräften feiner zu werden, denn wir sind ja noch lange nicht auf unserem Höhepunkt, ich noch l-a-n-g-e nicht und Du auch nicht, Lieber, Gott sei Dank. Denn Wachsen ist ja das Allerschönste auf dieser Erde. Nicht, wir beide haben es noch gut vor ...

Das schreibt sie am 12. September an den elf Jahre älteren Otto, der seine künstlerische Revolte bereits hinter sich hat. Seit dem Worpsweder Aufbruch sind Jahre ins Land gegangen, es hat sich ausgewachsen in Worpswede.

Daß Otto die Landschaftsmalerei im Sinne des deutschen Rembrandtverständnisses der modernen französischen Kunstentwicklung vorzieht, schiebt Paula einstweilen beiseite. Auch Ottos Bedürfnisse nach einer Frau für sein verwaistes Haus und nach einer Mutter für seine Tochter Elsbeth wiegen für Paula nicht so schwer.

Paula wünscht sich Otto als Lebensgefährten in einer Künstlerehe. Weil sie sich in ihrem Beruf von ihm angenommen fühlt, bezieht sie seine Zuneigung hauptsächlich auf ihre Persönlichkeit als Künstlerin.

Am 26. August 1900 läutet Paula sich ihre Todesgedanken mit Feueralarm weg, weil sie doch noch nicht sterben will. Zusammen mit Clara Westhoff dringt sie in die Worpsweder Kirche ein. Die beiden Frauen hängen sich an die Glockenseile und läuten die Feuerglocken, daß das ganze Dorf aufwacht und die Leute erschreckt zusammenlaufen.

In einem fröhlichen Brief berichtet Paula ihrer Mutter von dem Aufruhr, nicht ohne hervorzuheben, daß Clara am großen Seil, Paula dagegen nur am kleinen gehangen habe. Die Dorfleute in Angst vor einem Brand, Lehrer und Pastor verärgert. Der Streich hat Paula Spaß gemacht. Aber, fügt sie für die Eltern hinzu, Clara und sie hätten sich beim Pastor entschuldigt. Und sie schiebt auch wieder Clara als Anstifterin vor. Als von Strafe und Gefängnis die Rede gewesen sei, hätten ihre Wirtsleute Paula in Schutz genommen, Clara jedoch nicht: »... de Grote, de kann dat af, aber us Fräulein, de holt sick en Krankheit in Loch.«

Die Mutter soll nicht denken, daß Paula etwas von Claras Größe und Robustheit an sich habe.

Frausein in der Art wie Clara ist Paula fremd. Frausein wie ihre Mutter entspräche den Umständen, unter denen Paula aufgewachsen ist. Will Paula sie selbst sein, muß sie ihre eigene Form finden. Aber nun ist da Otto Modersohn. Wenn Paula will, kann sie ihm ihre Sache überlassen.

Ende August kommt Carl Hauptmann mit einem Tagebuch voller Gedanken und Lyrik. Er ist mit Otto Modersohn befreundet.
Die Worpsweder Szene gerät in Stimmung, als Rainer Maria Rilke in Vogelers Barkenhoff mit Hauptmann zusammen literarische Abende gestaltet. »... ein feines, lyrisches Talent, zart und sensitiv ...«, schreibt Paula am 3.9.1900 über Rilke in ihr Tagebuch.
Im nördlichen Klima, das zu allen Jahreszeiten gewaltig auf Landschaft und Menschen wirkt, bringt die Natur in den Sommertagen und -nächten alles an Wärme, Farben, Duft und Bewegung hervor. Herbst und Winter mit Sturm, Regen und Kälte sind lang.
Und so hochgestimmt wie die Natur in dieser Sommerzeit sind die malenden und dichtenden Menschen. Paula und Clara lassen sich von der Sommerseligkeit gefangennehmen. Die beiden »Mädchen in Weiß«, wie Rilke sie nennt, sind die Zierde des stilvollen Rahmens, in dem Rilke und Hauptmann ihre Werke vortragen. In seinen Tagebüchern macht Rilke sich über diese Mädchen seine Männergedanken:

... Halb Wissende, d.h. Maler, halb Unbewußte, d.h. Mädchen. Erst faßt die Stimmung sie, der ganze Ton dieser Nebelnacht mit dem fast vollen Monde über den drei Pappeln, diese Stimmung von mattem beschlagenen Silber macht sie wehrlos und zwingt sie in das Mädchensein, in das dunkle, sehnsüchtige ...

Bei den Hauskonzerten, den Dichterlesungen, bei der gemeinsamen Fahrt des Künstlerkreises zur Aufführung von Carl Hauptmanns Schauspiel *Die Breite* nach Hamburg stellen sich immer wieder die beiden Männer mit ihren schöpferischen Leistungen in den Mittelpunkt. Weder Paulas noch Claras Arbeiten werden gewürdigt; auch als Rilke sich mehrmals bei Paula im Atelier einstellt, empfindet er sich als geistigen Spender, Paula als einfühlsame Empfängerin seiner Gedanken:

> Zu solchen Stunden gehn wir also hin
> und gehen jahrelang zu solchen Stunden;
> auf einmal ist ein Hörender gefunden
> und alle Worte haben einen Sinn ...

Rilke genießt Paulas Offenheit, ihre Gabe, Gesprächspartnerin zu sein. In solch einer aufnahmebereiten Atmosphäre entfaltet sich sein Talent. Nur was Paula für ihn ist, geht ihn an – nicht, was sie für sich ist.
Aber Paula befindet sich durch ihre Kunst viel zu sehr in Übereinstimmung mit sich selbst, um sich mit der passiven Rolle der Empfangenden zufrieden zu geben.
Rilke dagegen schwärmt im Tagebuch von seinen Besuchen in Paulas »Lilienatelier«*:

> ... Ihr Haar war von florentinischem Golde, Ihre Stimme hatte Falten wie Seide. Ich sah sie nie so schlank in ihrer weißen Mädchenhaftigkeit ...

Dabei vergißt er, daß sie Malerin ist, schöpferisch tätig wie er selbst. Vielleicht hat sie schon in der ersten Begegnung mit Rilke, in der er sich so eindringlich darstellt, eine erste Maleridee zu dem Bild, das sie 1906 von ihm malen wird.
Mit Otto Modersohn aber hat Paula ein Geheimnis. Sie schreibt Liebesbriefe an den »Allerbesten« und legt sie nicht weit von ihrem Atelier unter einen Stein. Otto und Paula haben sich am 12. September verlobt. Die Trauerzeit für die

---

Rilke hatte Paulas Werkstatt so genannt wegen der mit dunklem Stoff vertieften Ecke, in der die Dantemaske hing, und vor der Maske blühte eine Lilie.

verstorbene Helene Modersohn gebietet es, daß die Verlobung noch nicht bekannt gemacht werden darf.
Am 27. September hatte Rilke beschlossen, den Winter in Worpswede zu verbringen. Anfang Oktober hört er von Paulas Verbindung mit Otto Modersohn, verläßt Hals über Kopf Worpswede und reist nach Berlin.
In Rilke hat Paula einen Menschen von großer Sensibilität kennengelernt, kompliziert wie sie selbst, innerlich unruhig, immer auf der Suche, unbeständig und mit einem starken Unabhängigkeitsbedürfnis. In der Begegnung mit ihm lernt Paula sich frei zu fühlen.
Um so unverständlicher erscheint ihr sein schroffer Aufbruch. Meinte er mit seinem Anspruch auf Persönlichkeit und Ungebundensein in der künstlerischen Arbeit und im Leben, über den sie so vertraut gesprochen hatten, etwa nur seine eigene Freiheit?
Paula ist voller Gewißheit, daß in der Liebe zwischen Otto und ihr die Möglichkeit der beiderseitigen freien Entfaltung gegeben sein wird.

»... und immer noch kochen, kochen, kochen«

Zum ersten Mal sind Paulas Eltern mit einer Entscheidung ihrer Tochter einverstanden. Einen besseren Mann als Otto Modersohn können sie sich für Paula nicht vorstellen. Und Otto liebt Paulas anmutiges Äußere, ihr tiefes Kunstverständnis, ihr lebensfrohes Temperament:

[Tagebuch, 26.11.1900]

Gerade so ein Mädchen thut mir noth ... Ich neige entschieden zum schweren, grüblerischen ... Da ist Paula ein wahres Labsal, sie erheitert, erfrischt, belebt, verjüngt.

Paula liebt Otto wegen seiner Empfindsamkeit und seiner Güte.

[An Marie Hill, Oktober 1900]

...Er ist wie ein Mann und wie ein Kind ... Ich kann ihm viel sein.

[An die Mutter, 3.11.1900]

... Initiative ist jetzt mein schwacher Punkt. Sie war eigentlich nie meine stärkste Seite. Nun muß ich das wenige, was ich besitze, noch in Otto Modersohn und mich teilen. Denn er hat noch vie-ie-iel weniger als ich!

Das beiderseitige künstlerische Engagement aber soll die Kraft sein, an der sie gemeinsam wachsen wollen.
Während Paula sich über ihren Anteil in der Verbindung mit Otto Modersohn klar zu werden beginnt, bemüht sie sich gleichzeitig um ihre Beziehung zu Rilke.
Es ist Paulas Verdienst, daß ein Bruch zwischen Rilke und ihr vermieden und das entstandene Vertrauen bewahrt wird.
Rilke hatte Paula vor seiner überstürzten Abreise sein »Skizzenbuch« mit Gedichten zur Verwahrung übergeben.

Die Worte des Engels

Du bist nicht näher an Gott als wir;
wir sind ihm alle weit.
Aber wunderbar sind dir
die Hände benedeit.
So reifen sie bei keiner Frau,
so schimmernd aus dem Saum;
ich bin der Tag, ich bin der Tau,
du aber bist der Baum.

Ich bin jetzt matt, mein Weg war weit,
vergieb mir, ich vergaß,
Was Er, der groß in Goldgeschmeid
wie in der Sonne saß,
dir künden ließ, du Sinnende,
(verwirrt hat mich der Raum).
Sieh: ich bin das Beginnende,
du aber bist der Baum.

Ich spannte meine Schwingen aus
und wurde seltsam weit;
jetzt überfließt dein kleines Haus
von meinem großen Kleid.
Und dennoch bist du so allein
wie nie und schaust mich kaum;
das macht: ich bin ein Hauch im Hain,
du aber bist der Baum.

Die Engel alle bangen so,
lassen einander los:
noch nie war das Verlangen so,
so ungewiß und groß.
Vielleicht, daß Etwas bald geschieht,
das du im Traum begreifst.
Gegrüßt sei, meine Seele sieht:
du bist bereit und reifst.
Du bist ein großes, hohes Tor,
und aufgehn wirst du bald.

Du meines Liedes liebstes Ohr,
jetzt fühle ich: mein Wort verlor
sich in dir wie im Wald.

So kam ich und vollendete
dir tausendeinen Traum.
Gott sah mich an; er blendete ...

Du aber bist der Baum.

In ihren Gesprächen mit Rilke hatte Paula das Gefühl gehabt, die Distanz zwischen dem Ich und dem Du ließe sich aufheben. Rilkes Sensibilität weckte in ihr die Hoffnung, auch sie könne ihre Einsamkeit überwinden.
In ihren Briefen zwischen dem 15. Oktober 1900 und dem 12. Januar 1901 ergreift Paula die Initiative, schreibt Rilke nach Berlin und bittet ihn um Freundschaft.

... Und Ihr Skizzenbuch ist mir ein lieber Teil von Ihnen das ich in stillen Abendstunden dankbar blättere ... Du aber bist der Baum ... Wissen Sie, ich habe wieder ein Gefühl wie vor ein paar Wochen, als Sie mir fast täglich neue schöne Dinge sagten und ich weiter nichts that, als Ihnen Ihren roten Bleistift zurückzugeben. Und den hatten Sie mir auch gegeben ...

Rilke, der es gewohnt war, mit seiner Dichtkunst zu bezaubern, sich Frauen geneigt zu machen, mag es erstaunt haben, daß Paulas Zuneigung sich nicht in Bewunderung erschöpft, sondern daß sie einen Austausch haben möchte, etwas Gegenseitiges.
In den Weihnachtstagen schreibt Paula an Rilke von dem, was sie im Innersten bedrückt.

... Die Häuser weinen heute, glaube ich, nicht und das Wasser auch nicht, nur ist es still und alt und traurig und gut und lächelt nur selten und wie mit Schmerzen, denn das

Leben hat es gelb und mürbe gemacht. Wie mein lieber Vater, ist es. Dem war sein Leben auch zu schwer und der Tage zu viel, die die Lichtlein und Kerzen und Feuerbrände in ihm auslöschten. Ich muß Ihnen einmal etwas von ihm erzählen. Er ist einer, der mir den Gedanken gab, daß Altwerden schrecklich wäre ...

Rilkes Elternbeziehung war ähnlich konfliktbelastet wie Paulas Verhältnis zu ihrem Vater. Beide waren mit der Hoffnung auf Wiederanheilung an die »Bruchstellen des Lebens«, wie Rilke seine Kindheitserfahrungen im Tagebuch nennt, nach Worpswede geraten.
Daß ein Rückzug nach Worpswede oder sonstwohin aufs Land ausreiche, etwas im Leben zu verändern, wollten sie beide vielleicht gern glauben.
Aber Rilke war schon wieder geflohen und nach Berlin gegangen.
Paulas Lebensweg soll nun mit Otto Modersohn in eine glückhafte Zukunft führen.
Die kurzen Weihnachtstage bei ihren Eltern in Bremen werden ihr zu lang. Paula mag in Bremen nicht mehr sein.

[An Otto, 28.12.1900]
... Die Zeit beginnt, daß die Stadt mir wieder über den Kopf wächst, daß sie mich einengt und tot drückt ... Ich komme nicht zu mir selber hier. Ich höre meine Seele nicht reden und antworten ... Die Nerven wollen nicht und können nicht. Und ich selber hasse mich in dieser Halbheit und Lahmheit und mein Menschlein denkt sehnsüchtig der Zeit, da es nicht humpelte und nicht humpeln wird ...

Anfang des neuen Jahres trifft Paula sich noch für einige Tage mit Otto, der seine Eltern in Münster besucht hat, dann soll Paula in Berlin zwei Monate lang Kochen und Haushaltsführung lernen.

[An Otto, 10.1.1901]

... Und ein jeder von uns versucht sich in dieser zweimonatlichen Zeit des Alleinseins wacker zu halten und tüchtig zu schaffen, Du, mein König, schöne, schöne Bilder, ich – Suppen, Klöße und Ragouts ...

Paulas Vorbereitung auf die Künstlerehe beginnt mit der Haushaltsschule, vor der sie neun Jahre vorher aus England davongelaufen war.

Paula geht davon aus, daß Otto Modersohn genau wie sie die Haushaltsschule als ein kleines Übel versteht, das Paula ihren Eltern zuliebe auf sich nimmt.

Fünf Wochentage in Berlin sind mit Hausfrauenarbeiten ausgefüllt. Die verbleibende freie Zeit verbringt Paula in Kunstausstellungen, Konzerten, bei Verwandten und fast jeden Sonntag bei Rilke in Schmargendorf.

In ihren Briefen an Otto beklagt Paula sich über die Hektik der Großstadt. Sie möchte so schnell wie möglich nach Worpswede zurück, in ihr Atelier bei Brünjes, zu ihrer Malerei und zu Otto.

Paulas Briefe müssen Otto verunsichert haben, und Paula fängt wieder mal an, sich zu rechtfertigen.

[4.2.1901]

... Schreibe ich Dir immer nur von lauter Malen und von nichts anderem. Steht nicht Liebe in den Zeilen und zwischen den Zeilen, leuchtend und glühend, und still und minnig, so wie ein Weib lieben soll und wie Dein Weib Dich liebt?

In Berlin geht es um den künftigen Haushalt, und wenn es auch der gemeinsame Haushalt mit Otto sein wird, so kann Paula deshalb doch keinen Enthusiasmus für diese Pflicht entwickeln, weil sie ihr noch genauso unangenehm ist wie früher. Auch mit dem Geld ist es wie immer. Paula hat

keins. Als sie sich ein Kleid kaufen will, muß sie Otto um fünfzig Mark bitten.
Mit ihrer Liebe zu Otto kann dies doch alles nichts zu tun haben, denkt Paula. Diese Liebe ist was viel Tieferes, Feineres!
Auch über Sexualität mag Paula in ihren Briefen nicht reden.

[4.2.1901]

Lieber. Ich kann mein Letztes nicht sagen. Es bleibt scheu in mir und fürchtet das Tageslicht ... Scheine ich Dir kargend und geizig? Ich glaube, es ist meine Jungfräulichkeit, die mich bindet. Und ich will sie tragen, still und fromm tragen, bis eine Stunde kommt, die auch die letzten Schleier hinwegnehmen wird ... Aber daran denke ich wenig in dieser Stadt. Manchmal wenn ich abends im Bett liege und Deine Studie auf mich strahlt oder morgens, wenn ich erwache, oder in einer stillen sinnenden Stunde. Sonst thue ich es nicht in dieser Stadt, denn die Dinge, die meine Ideen mit diesem Heiligsten verbinden, sind nicht schön und nicht rein ...

In Berlin, unter den Zwängen der Haushaltsschule, vergeht Paula alle Begeisterung. Sie wünscht sich Worpswede im Sommer zurück, die hochgestimmten Feste mit den Dichtern, mit Clara Westhoff und der Malerclique.
Otto kann nicht zu ihrem Geburtstag nach Berlin kommen. Er hat berufliche Pflichten, muß malen und Geld verdienen für die künftige Familie mit Paula und der Tochter Elsbeth. Statt Otto kommt ein Geburtstagsbrief von Paulas Vater, in dem ihr deutlich gemacht wird, was sie als Ehefrau zu leisten hat:

[7.2.1901]

Deine Pflicht ist es ganz in Deinem zukünftigen Manne aufzugehen, ganz nach seiner Eigenart und seinen Wünschen Dich ihm zu widmen, sein Wohl immer vor Augen zu haben und Dich durch selbstsüchtige Gedanken nicht leiten zu lassen. Es wird Dir das gewiß in den meisten Fällen leicht sein, weil Du Otto wirklich liebst und mit ihm in den meisten Ansichten übereinzustimmen scheinst. Aber es werden doch auch Fälle vorkommen wo es Dir schwer fallen wird Dich ihm unterzuordnen, Dich seinem Willen zu beugen ... Jeder von Euch hat seine Vorzüge, seine Fehler, weil Ihr auch blos Menschen seid. Die Aufgabe der Frau ist es aber im Eheleben Nachsicht zu üben und ein waches Auge für alles Gute und Schöne in ihrem Mann zu haben und die kleinen Schwächen die er hat auch durch ein Verkleinerungsglas zu sehen ...

Mitte Februar erlebt Paula bei einem Besuch in Schmargendorf mit leichtem Erschrecken, daß sich eine Beziehung zwischen Clara Westhoff und Rilke angebahnt hat.
Die kleine Worpsweder Gemeinschaft vom Sommer 1900 hat sich in Zweierbeziehungen aufgelöst. Vogeler wird sich mit Martha Schröder verheiraten, Paula mit Otto Modersohn – und nun etwa auch Clara Westhoff mit Rilke?
Der Allerweltsschluß scheint unvermeidlich.

Freitag, 8. März 1901

Mein lieber Otto,
Ich sitze hier bei gepacktem Koffer, durch ein mütterliches Telegramm zurückgehalten. Ich sollte noch nicht kommen und immer noch kochen, kochen, kochen. Das kann ich nun aber nicht mehr, will ich auch nicht mehr, thue ich auch nicht mehr ...

Paulas Eltern, die ihre Tochter nun auf dem rechten Weg vermuten, haben sich zu massiv in Paulas Ehevorbereitungen eingemischt. Am liebsten möchte Paula alles ganz anders machen.

[An die Mutter, 8.3.1901]

Es ist so traurig, daß Ihr Euch an mir ärgert. Da ist doch auch hin und wieder etwas zum Freuen an mir, ich meine noch außer meiner Verlobung ...

Otto verlangt von Paula nicht, daß sie in Berlin weiterkocht. Aber in Worpswede muß sie kochen.

»Diese modernen Frauenzimmer können nicht wirklich lieben«

Die gegen die Eltern durchgesetzte Rückkehr nach Worpswede bedeutet nun nicht, daß Paula gleich anfangen könnte, mit Otto zusammen ihre Träume von der vertieften künstlerischen Beziehung zu verwirklichen. Zuerst muß bis Pfingsten das Haus Modersohns für die Heirat hergerichtet werden. Danach Trauung, Hochzeitsfeier und Hochzeitsreise.

Erst im Frühsommer sind die Modersohns glücklich wieder zu Hause in Worpswede.

Worpswede ist für Paula die Gemeinschaft Vogeler, Clara, Carl Hauptmann, Rilke, Martha, Otto und sie selbst. Aber das sieht jetzt alles ganz anders aus. Clara und Rilke, die im April ohne jeden Aufwand geheiratet haben, wohnen in Westerwede, gar nicht weit entfernt, und gehen ihre eigenen Wege. Sie erwarten ein Kind, sie haben kein Geld und wollen beide ihren individuellen künstlerischen Neigungen leben.

Zu Martha Vogeler kann Paula keinen Kontakt herstellen. Es ist genau das passiert, was Vogeler vor einem Jahr an Paula nach Paris geschrieben hatte:

... jeder für sich wird ein Sonderling, sein Horizont schrumpft ein und sitzt auf seinem Sofa ...

Da muß eben Otto Modersohn für Paula alles werden. Es geht ihr ja gut. Sie teilt sich ihre täglichen Hausfrauenpflichten so geschickt ein, daß ihr noch viele Stunden Zeit für die Malerei übrigbleiben.

Als erfolgreicher Maler, der sich gegen die anfänglichen Widerstände der traditionellen Kunstkritik durchgesetzt hat, ist Ottos künstlerischer Ausgangspunkt zur Zeit der

Eheschließung ein anderer als Paulas. Otto vertritt auch nicht die Auffassung von einer permanenten Weiterentwicklung und Veränderung seiner Arbeit, so wie Paula sie im Sinn hat. Ihm genügt es, die Form, die er für sich in der Kunst gefunden hat, zu vertiefen. Sein Thema ist die Landschaftsmalerei.
Paula regt ihn zwar durch ihr ausgeprägtes Kunstverständnis und ihre Lust an der kritischen Auseinandersetzung zu verstärktem Schaffen an, keineswegs aber will Otto in seiner Kunst neu ansetzen.
Paula ist die bedrückenden finanziellen Sorgen los und kann so unbeschwert wie noch nie ihre Malideen verwirklichen, kann probieren und weiterstudieren.
So vergehen die ersten Ehemonate mit gegenseitigem Kennenlernen. Noch gibt es für jeden von ihnen Neues zu entdecken, einfach, weil da zwei Verschiedene aufeinander zugehen.
Aber in den Momenten, wo es zur Begegnung kommen soll, wo Otto und Paula tiefe Berührungspunkte suchen, wird es schwierig.
Otto hat wohl doch nicht erwartet, einer so begabten jungen Frau gegenüberzustehen, die Ansprüche an ihn hat. Die oft anzutreffende Konstellation von dem reifen Künstler, der von seiner Erfahrung abgeben kann und seinerseits durch die Spontaneität und Aufgeschlossenheit seiner Frau Impulse bekommt, so daß er der Führende und sie die Geführte ist, ergibt sich bei Modersohn/Becker nicht.

Am 11. März 1902 notiert Otto in seinem Tagebuch: »Wenn sie sich so weiter entwickelt, bin ich sicher, daß sie mal etwas sehr Feines in in der Kunst leisten kann ...«
Am 15. Juni 1902 steht er vor der Tatsache, daß seine künstlerischen Ansprüche sich wesentlich von denen Paulas unterscheiden. Er nimmt sich zurück und versucht, dem

Problem eine harmonische Deutung zu geben, anstatt sich mit allen Konsequenzen darauf einzulassen:

... Wie ich ihr von dem Intimen geben kann – so sie mir vom Großen, Freien, Lapidaren. Ich mache immer zu viel, dadurch werde ich leicht kleinlich und ich hasse die Kleinigkeit, ich will Größe. Darin regt mich Paula riesig an. Wundervoll ist dies wechselseitige Geben und Nehmen; ich fühle wie ich lerne an ihr und mit ihr...
Ich wirke leicht zu niedlich, nett angenehm und so etwas – während mein Ideal Größe ist.

Das Wachsen der geistigen und schöpferischen Kräfte im lebendigen Austausch mit dem Partner bleibt für Paula ein Traum.
Um so mehr vermißt sie den Kontakt mit Clara und Rainer Maria Rilke. Als Clara Paulas Geburtstag vergißt und erst verspätet gratuliert, macht Paula sich in einem bösen Antwortbrief Luft und schreibt Rainer Maria Rilke die Schuld an der gestörten Freundschaft zu. Er beschlagnahme Clara. Rilke reagiert anstelle seiner Frau. Verletzt ermahnt er Paula, ihre Besitzansprüche zurückzuschrauben.
Rilkes hochfahrende Art, mit der er Paulas Kritik zurückweist, macht Paula betroffen.
Rilke hat ihr klargemacht, daß eine kurze Sommerseligkeit nicht das Leben ist.

[12.2.1902]
... das Mißverständnis beruht darin, daß Sie, was geschehen ist, nicht gelten lassen wollen. Alles soll sein, wie es war und doch ist alles anders als es gewesen ist ...

Während in Ottos Tagebuchaufzeichnungen hoffnungsvoll von den Gemeinsamkeiten, die er sich mit Paula vorstellt, die Rede ist, kreisen Paulas Gedanken um Einsamkeit: »Ich

lebe im letzten Sinne wohl ebenso einsam als in meiner Kindheit ...«, schreibt sie Ostern 1902 in ihr Tagebuch.
Genau wie Clara und Rilke hat Paula keinen Erfolg mit ihrem Versuch, ihre Kunst an die Institution Ehe anzubinden.
Während Paula im April ihrem Tagebuch anvertraut, ihre Pariser Zeit sei voller Hoffnung und deshalb »etwas sehr Glückliches« gewesen, ist Rilke schon dabei, den bedrükkenden Familienzustand wieder abzuschaffen. Er wird im Juni auf das Schloß Haseldorf des Prinzen Emil von Schönaich-Carolath eingeladen, anschließend geht er nach Paris. Die Sorge um das Kind bleibt Clara überlassen. Als die Großeltern Westhoff helfend eingreifen und das Enkelkind bei sich in Bremen aufnehmen, kann auch Clara im Herbst in Paris weiterstudieren.
Otto Modersohn notiert am 28.6.1902 darüber in sein Tagebuch:

... Finde es schrecklich babarisch, brutal, nur an sich zu denken, für sich zu sorgen, andere Menschen mit Füßen zu treten. So ist Rilke und seine Frau ...

Paula kennt solche Moral von früher. Es mag auch ihr hart erscheinen, wie die beiden ihre Familie kaputtmachen. Aber Clara und Rilke stehen ihr besonders nahe. Und Paula kann ihre konsequente Haltung im Hinblick auf ihre künstlerische Unabhängigkeit gut verstehen. Vielleicht fragt sie sich auch, ob ihre eigene Lage soviel besser ist als die der Rilkes.
Clara wieder in Paris! Und Paula hatte doch schon im vergangenen Herbst wieder dorthin zurückkehren wollen! Vielleicht ist Paula in den Gesprächen mit Otto über die abtrünnigen Freunde ein verständnisvolles Wort entschlüpft. Vielleicht ist die Worpsweder Mittelmäßigkeit zur Sprache gekommen.

Jedenfalls beklagt sich Otto über Paulas Verhalten im Zusammenhang mit der Aufregung um Clara und Rilke:

[Tagebuch, 28.6.1902]

... Egoismus, Rücksichtslosigkeit ist die moderne Krankheit ... Leider ist Paula auch sehr von diesen modernen Ideen angekränkelt ... Diese modernen Frauenzimmer können nicht wirklich lieben ...

Mit ihrer Malerei im ersten Ehejahr ist Paula zufrieden. Sie hat vor allem Menschen gemalt, auch wieder Kinderbildnisse mit Ölfarben auf Leinwand. Ihr Selbstbewußtsein ist mit der täglichen intensiven Arbeit gewachsen, Paula weiß sich auf dem richtigen Weg zu ihrem Ziel, durch Vereinfachung zur großen Kunst zu gelangen.
Die Kinderbildnisse von 1901/1902 entstehen meist im Freien, in Brünjes Apfelgarten, in der Lehmkuhle oder in der Moorlandschaft. Aber nicht die Landschaft bestimmt den Charakter der Bilder.
Ob Paula draußen oder drinnen malt, »meine persönliche Empfindung ist die Hauptsache«, schreibt sie am 1.10.1902 in ihr Tagebuch. Was sie bei der Arbeit in der Natur, in der Anschauung des Modells sieht und aufnimmt, läßt Empfindungen entstehen, die ihr Zeichen vermitteln. Im schöpferischen Vorgang des Malens übersetzt Paula die Empfindungen von dem Erlebnis in ihre eigene Bildsprache.
Wenn Cézanne im Gespräch mit J. Gasquet 1921 erklärt:

Jeder Pinselstrich ... ist gleichsam etwas von meinem Blut, vermengt mit dem Blut meines Modells, in der Sonne, in dem Licht, in der Farbe. Wir müssen im gleichen Takt leben, mein Modell, meine Farbe und ich...,

so strebt auch Paula im Laufe ihres Schaffens dieses Ineinanderwirken von Kunstgegenstand und eigener schöpferischer

Arbeit an. Ihre Einfühlsamkeit in die Menschen, die sie malt, und das Höchstmaß an Gestaltungskraft bei der Umsetzung ihrer Erlebnisse in Malerei sind in ihren Werken nicht zu übersehen.
Je bewußter sich Paula in den folgenden Jahren ihres eigenen Wesens wird, um so mehr von innen leben ihre Menschenbilder aus der Wärme, der Stille, der leidvollen und glückhaften Erfahrung.
Schon in den Bildern der ersten Schaffensjahre wird auch deutlich, was Paula auszusagen hat: Jedes der Kinder, die sie malt, tritt dem Betrachter in seiner eigenen Wesensart als eine unabhängige und ernst zu nehmende Persönlichkeit entgegen. Das sind keine niedlichen Kleinen, mit denen beliebig umgegangen werden kann. In Paulas Bildern ist dieses »Moderne« enthalten, vor dem die autoritär strukturierte Gesellschaft zurückschreckt: der Anspruch des Menschen auf Selbstbestimmung.
In den Tagen, als Otto sich über Paulas Egoismus seine Gedanken macht, teilt Paula, tief in Arbeit versunken, ihrer Mutter die Gewißheit mit: »Ich werde etwas.« Sie leidet immer noch unter dem Gefühl, ihrem Vater beweisen zu müssen, daß sie etwas zu leisten vermag. Da er vor einem halben Jahr verstorben ist, bleibt der unerfüllbare Wunsch:

[6.7.02]
Wenn ich das unserem Vater noch hätte zeigen können, daß mein Leben kein zweckloses Fischen im Trüben ist ...

Otto aber erlebt jeden Tag Paulas intensives künstlerisches Bemühen und die Beharrlichkeit, mit der sie ihr Ziel verfolgt. Er wird nicht durch seine Verliebtheit dazu verführt, in Paulas Kunst etwas Besonderes hineinzuinterpretieren. Paula überzeugt durch ihre Arbeit von Bild zu Bild, und Otto ist gerecht genug, Paulas Talent anzuerkennen. Im

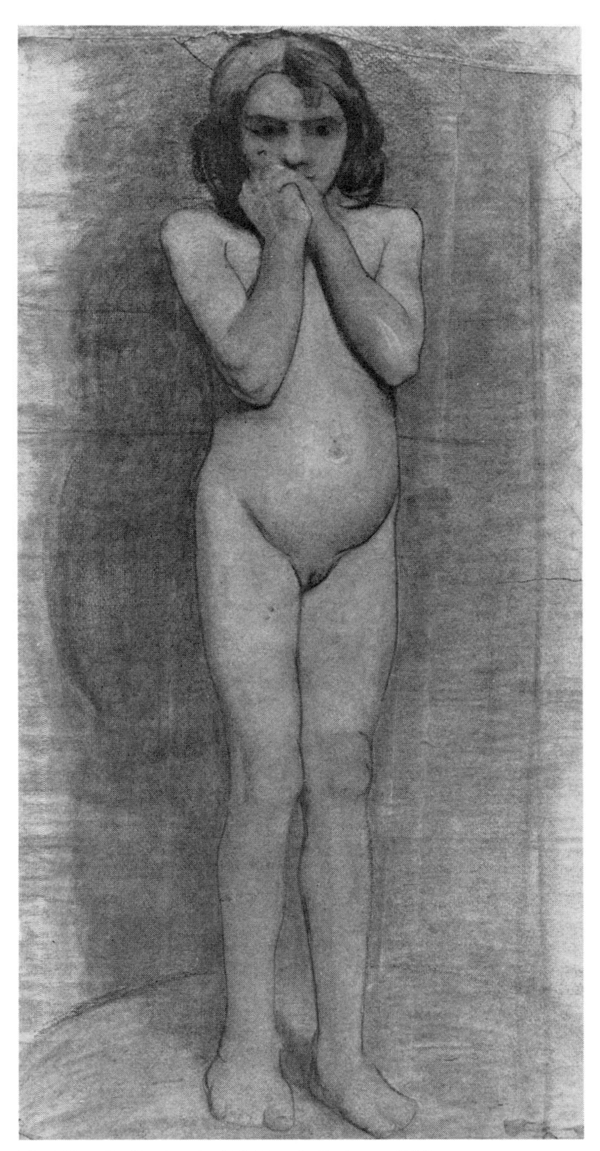

Modellstudie (Stehendes Mädchen), Paris um 1900
Kohle und braune Kreide, 61,3 × 29,4 cm
Slg. Roselius Böttcherstraße Bremen

Vergleich mit der Worpsweder Kunst kann er nicht anders, als Paulas Kunst höher einzuschätzen.
Natürlich kann eine solche Haltung die ohnehin gefährdete Malergemeinschaft nicht verbessern. Die einzelnen Familien leben zurückgezogen, Mackensen, von Emden, Overbeck und auch Vogelers mit ihrem kleinen Kind, das Ende 1901 geboren wurde. Jemand, der wie Paula etwas anderes anstrebt als die in sich abgeschlossene Worpsweder Malerei, paßt nicht in das Dorf.
Es gibt noch mehr Bereiche, in die Paula nicht paßt.
Im ersten Ehejahr fühlt Paula sich noch nicht reif genug, um Mutter zu werden. Ende 1902 vertröstet sie Otto auf den kommenden Mai, dann werde sich das »Letzte, das Köstlichste, das Kleinod« erfüllen. Paula besteht auf ihrem Eigenleben. Sie will sich zurückziehen, wenn es ihr danach zumute ist, dies auch im Körperlichen.

[4.11.1902]

... Sieh Lieber, Du brauchst nicht traurig zu sein oder eifersüchtig auf meine Gedanken wenn ich meine Einsamkeit liebe ...

[7.11.1902]

Mein geliebter Mann. Mein König Rother. Mein Otto mit dem Barte. Du mit der weichen Stirne und den lieben Händen. Du Maler, Du Trauter, Du Vertrauter.
Lieber, fast möchte ich unserer Trennung noch eine längere Dauer wünschen ...

Ungewöhnliche Liebesbriefe an Otto, der für ein paar Tage zu seinen Eltern nach Münster gefahren ist.
Als er zurückkommt, kann Paula ihre Enttäuschung über den unerfüllt gebliebenen künstlerischen Höhenflug mit Otto nicht länger unterdrücken. Am 15.1.1903 schreibt er darüber in seinem Tagebuch:

Heute Abend mit Paula langes Gespräch über mich. Sie schenkt meinen Worten keinen Glauben, daß ich jetzt wirklich so wichtige Erkenntnisse gewonnen habe, sie hält es nur für eine Phase, für einen Übergang wie alle früheren, wo ich auch oft ähnliches behauptete. Es ist wie im Sprichwort: Wer einmal lügt ...
Und doch ist es diesmal etwas ganz anderes. Mit Recht sagt sie ja, sie muß es sehen durch die That, die Zeit müsse es lehren ...

Otto hat sich auf eine Partnerin eingelassen, die die künstlerische Auseinandersetzung braucht. Ein friedliches, behagliches Nebeneinander hält Paulas reger Intellekt nicht aus. Wenn aber im Künstlerischen keine tiefe Berührung zwischen Paula und Otto möglich ist, stellt sich die Frage nach der persönlichen Berührung.
Vor einem Jahr hat Paula aus Berlin an ihre Mutter geschrieben: »Es ist gut, sich aus Verhältnissen zu lösen, die einem die Luft benehmen.« Da meinte sie die laute Stadt Berlin und die Kochschule und glaubte, sie sehne sich nach den anderen Verhältnissen in Worpswede.
Nun strebt sie zurück zum Lärm und zur Hektik der großen Stadt Paris.
Es sind nicht die örtlichen Umstände, die Paula die Luft benehmen. Sie braucht künstlerische Verhältnisse, um zu leben.
Otto braucht nur Worpswede für sein Leben und seine Kunst. »Ich könnte es ja gar nicht aushalten in solch einer Stadt«, schreibt er kurz vor Paulas Paris-Reise an Rilke.
Dennoch läßt er Paula wegfahren, weil sie es sich wünscht.

»Femme d'un peintre allemand très distingué«*

Paulas Aufbruch nach Paris ist auch ein Aufbruch aus den Konventionen und ein Fortschreiten in ihrer Kunst. Um weiterzukommen, muß Paula sich wirklich auf den Weg machen, muß sie herumlaufen und Menschen begegnen. Wenn sie in Paris auch fremd ist und alleinstehend, so empfindet sie ihr Leben dort doch weniger isoliert als zu Hause in der Familie. Ihre künstlerische Entwicklung, die nach Vollendung strebt, braucht neue Impulse. In Paris ist um 1900 alle Kunst in vielfältiger Bewegung, die »Moderne« probt den Nachimpressionismus (Divisionismus, Symbolismus) und den Fauvismus. Paula hat alles zur Verfügung und kann sich heraussuchen, was ihrer Kunstentwicklung am dienlichsten ist.

Paula genießt den weiten Abstand von daheim, um zu sich selbst zurückzufinden, zu dem Paris-Gefühl, das sie vor drei Jahren als Glück erlebt hat.

In einem Brief berichtet sie Otto, in der Akademie »finden sie mich ... noch dieselbe und reden mich Mademoiselle an«. Die einfache Unterkunft am Boulevard Raspail im selben Hotel, im selben Zimmer wie 1900, die »eigene« Tasse Kakao, die sie sich bereitet, sind die kleinen Freiheiten, die Paula dringend braucht.

Eines aber hat sich geändert: Clara Westhoff wohnt nicht mehr neben ihr im Hotel.

Zwischen den Freunden Clara, Paula und Rainer Rilke ist alles anders geworden. Das Wiedersehen in Paris hat nicht den Glanz der Worpsweder Sommernächte, aber ohne heiligen Schein ist die Freundschaft unter den dreien ehrlicher geworden.

---

* Empfehlungskarte von Rilke an Rodin, mit der Paula als »Frau eines ausgezeichneten deutschen Malers« eingeführt wird.

Natürlich ist Paula auch neugierig darauf, wie diese beiden künstlerischen Menschen es mit ihrer Ehe schaffen. »Sie blasen Trübsal«, schreibt Paula an Otto, »und sogar auf zwei Pfeifen.«
Rilke und Clara werden keine Ehe auf Dauer führen. Paula ist erschrocken über die Freudlosigkeit der Rilkeschen Beziehung und berichtet Otto, wie schlecht die beiden es miteinander haben.

[17.2.1903]

Clara Rilke steckt aber tief drin in ihrer Arbeit und müht sich sehr ihrer Kunst von allen Seiten näher zu kommen ... Nur wird sie für mein Gefühl ein wenig überzogen, spricht nur von sich und ihrer Arbeit ...

Beruflich haben Clara und Rilke jedoch kleine Erfolge. Von Rilke ist die Worpsweder Monographie erschienen, und Clara hat einen schönen Auftrag bekommen. Sie soll die Tochter des Dichters Björnson modellieren. Aber die Ungeborgenheit, die Paula bei Rilkes erlebt, macht ihr Angst.
Paula will eine große Künstlerin werden, und Otto ist der Mann, der ihre Malerei akzeptiert und sogar ihre Paris-Reise billigt.

[26.2.1903]

... Und nun das leidige Geld. Ich bin zu Ende. Schickst Du mir wohl *bald* noch einmal hundertundachtzig ...
Weißt Du, daß ich Dich im Hintergrunde weiß, das macht mir meinen Aufenthalt so voller Ruhe ...

[10.3.1903]

... Mein lieber Mann. Unter all dem vielen, was in mir arbeitet, geht es mir hier ganz wunderlich. Manchmal scheint es mir gar nicht glaublich, daß ich Dich und Elsbeth und unser kleines Häuschen besitze. Und wenn ich dann darüber nachdenke, so fühle ich, daß es gerade dieser wundervolle, gewisse Besitz ist, der mir die Ruhe giebt, an all die Dinge so gesammelt und glücklich heranzutreten ...

Die Briefe an Otto, mit denen Paula sich in die Worpsweder Wärme zurückschreibt, können nicht darüber hinwegtäuschen, daß Paula ihre Erlebnisse mit Rilkes in Paris in vollen Zügen genießt.

Clara verdient mit ihren Arbeiten Geld, sie hat bereits in Bremen und Worpswede Aufträge bekommen. In die Trauer, die Paula über Claras unglückliches Verhältnis zu Rilke empfindet und die Paula ihre eigene Ehe im Vergleich als Glück werten läßt, mischt sich ein unbestimmbares Gefühl von Bewunderung vor Claras Konsequenz in ihrer Arbeit und Ehe. Es kann Paula nicht verborgen bleiben, daß Clara und Rilke bei allen Problemen und in aller materiellen Not doch etwas miteinander versuchen: Sie wollen einander frei lassen.

Paula profitiert von den künstlerischen Anregungen durch das Zusammensein mit ihnen und kann auch Rilke von ihren eigenen neuen Erkenntnissen in der Malerei abgeben; vielleicht mag Paula vor sich selbst nicht zugeben, daß in der Wechselbeziehung zwischen Clara, Rilke und ihr die Möglichkeit liegt, aneinander zu wachsen.

Äußerlich sind es Kleinigkeiten, aus denen die wiederaufgenommene Freundschaft ihre Impulse bekommt: der Besuch einer Ausstellung altjapanischer Malereien, die Fresken von Boscoreale, die sie bei dem Kunsthändler Durand-Ruel betrachten, und die altägyptischen Plastiken im Louvre, die Paula besonders inspirieren. Die Sensibilität der drei musischen Menschen, die in ihrer Entwicklung heftig voranstreben, macht jedes Zusammensein in der Pariser Kunstszene zu einem tiefen Erlebnis.

Die wichtigste Begegnung, die Paula durch Rilke vermittelt wird, ist die mit Auguste Rodin.
Paula freut sich über den Besuch bei dem Bildhauer und ärgert sich über Rilke, der sie auf seiner Empfehlungskarte als »Frau eines ausgezeichneten deutschen Malers« vorgestellt hat: Paula Modersohn. Vielleicht hat Rilke weniger Paulas Förderung im Sinn gehabt als die Genugtuung, ihr Einlaß bei einem so berühmten Mann verschaffen zu können, wie er ja auch in Worpswede, in ihrem »Lilienatelier«, nicht Paulas Werke bewundern wollte, sondern von ihr erwartete, daß sie seine bewunderte.
Aber Paula lernt Rodin kennen.
Sie stellt fest, daß er gar keine Empfehlungskarte von ihr verlangt, und er erfüllt ihr sogar einen Sonderwunsch. Sie darf nach Meudon kommen, in Rodins Pavillon, wohin er sich zum Arbeiten zurückzieht.
Der folgende Sonntag in Meudon ist für Paula ein Glückstag. Sie lernt die Umgebung von Paris kennen, zum ersten Mal seit vielen Regentagen scheint die Sonne, und in der Werkstatt des Bildhauers kann Paula sich ungestört umsehen.
Außer den Marmorfiguren faszinieren Paula vor allem Rodins Aquarelle. Die mit Wasserfarben getönten Bleistiftzeichnungen erscheinen ihr genial und besonders unkonventionell. Leidenschaft, Tiefe, merkwürdige Formenträume kann Paula in den Zeichnungen nachempfinden. Sie vergleicht sie mit den altjapanischen Werken, die sie vor kurzem gesehen hat, und auch mit antiken Fresken oder Vasenmalereien.
Wieder gewinnt sie neue Ideen für die große Einfachheit der Form und auch für das Lebendige in der Einfachheit, das sie »das sanfte Vibrieren« nennt.
Rodin ist Claras Lehrmeister. Rilke wird später ein Buch über den Bildhauer schreiben. Ob in Gesprächen über

Rodin, ob bei gemeinsamen Louvre-Besuchen vor den ägyptischen Plastiken und anderen antiken Kunstwerken, zweifellos gibt es lebhaften Austausch und Übereinstimmungen zwischen Paula, Clara und Rilke, aus denen jeder von ihnen etwas ganz Eigenes macht.

»Alles rast und hastet um mich her und ich fühle mich wie eine verschleierte Königin«

Die Paris-Erlebnisse per Zeichenblock haben für Paula in den Studienmonaten besondere Bedeutung.
Paula zeichnet nach altägyptischen Plastiken, Rembrandts Kunst erscheint ihr beim Nachzeichnen plötzlich ganz anders als unter dem Eindruck der deutschen Rembrandt-Euphorie.

[An Otto, 18.2.1903]

... Wenn sie auch gelb sind vor Firnis, so lerne ich trotzdem viel von ihm. Das Krause an sich, das Leben. Hier ist ein kleines Ding, ich weiß nicht, ob es auch eine Frau Potiphar ist. Es ist ein Frauenakt im Bett. Aber wie der gemalt ist ...

Ihr wachsendes künstlerisches Selbstverständnis befähigt Paula, unabhänig von vorgegebenen Deutungen die Kunst der anderen im Wesentlichen zu erfassen. Vielleicht verschafft ihr sogar der Dialog mit den Kunstwerken, der über Betrachtung und zeichnerische Nachvollziehung läuft, objektivere Einsichten, als sie über persönliche Gespräche möglich sind.
Paula hat ja auch gar keine andere Wahl. In Deutschland hat sie eine vernichtende Ausstellung gehabt, und Rilke ist gar nicht auf die Idee gekommen, sie in der Worpsweder Monographie auch nur zu erwähnen. Herma Weinberg schreibt in *Ein Buch der Freundschaft* über Paulas Situation:

... Viele Dinge, die sie malte, hat selbst Otto Modersohn nicht gesehen. Sie wurden geschaffen und fortgestellt. Als das kleine Schlafzimmer voll war, das nach ihrer Verheiratung zum Wegstellen der Bilder diente, wurden sie aus Raummangel unter den Dachsparren des alten Bauernhauses aufgespeichert ...

Ihre Isoliertheit in der Kunstszene hat zur Folge, daß sie sich andere, einsame Formen des künstlerischen Austausches sucht. Überall in den Museen und Galerien und auch unterwegs durch Paris trägt Paula ihre Ideen und ihre Skizzenbücher bei sich. Ihr Interesse für antike Skulpturen steht im Zusammenhang mit ihrer künstlerischen Weiterentwicklung.
Paula sieht Bewegung in den durch Witterungseinflüsse angegriffenen Oberflächen der antiken Marmor- und Sandsteinplastiken. Dieses »sanfte Vibrieren der Dinge« möchte Paula beim Nachzeichnen der Figuren zum Ausdruck bringen, um dadurch der großen Einfachheit, nach der sie in ihrer Kunst strebt, näherzukommen.
Besonders gut läßt sich Paulas rasches, zielbewußtes Voranstreben in ihren Konzeptzeichnungen von 1903 verfolgen. Ablenkende Verschönerungen, Innenzeichnungen und überflüssige Schraffierungen fehlen. Jeder Strich hat seine Bedeutung, keiner ist zuviel. So erreicht Paula eine Geschlossenheit im Bild, die es dem Betrachter ermöglicht, sich unbeeinflußt in die Atmosphäre der kleinen Szene einzufühlen und sie in eigener Weise zu begreifen.
In der Zeichnung des Mädchens am Fenster, die mit schwarzer Kreide ausgeführt ist, erreicht Paula durch Dreiecksbildung den Eindruck von Ganzheit, Ruhe und sinnlicher Ausstrahlung. Hier wird besonders deutlich, daß Paula sich nicht mit irgendwelchen ideologischen, religiösen oder sentimentalen Vorstellungen ihres Gegenstandes bemächtigt, sondern jedes Zuwenig, das sie malt, hebt das Wesentliche hervor und betont das Einmalige in jedem Menschen.
Die Sicherheit, mit der es Paula gelingt, sich in Menschen einzufühlen und das, was sie aufspürt, malerisch umzusetzen, ist in ihren Selbstbildnissen vielleicht noch eindringlicher Schritt für Schritt nachzuvollziehen.
In spätantiken Porträts wurden die Farben oft mit flüssigem

Mädchen am Tisch, um 1905/06
Kohle, Privatbesitz

Wachs eingebrannt (»Enkaustik-Technik«). Reproduktionen dieser Bilder hat Paula im Louvre gesehen. Die Gesichter wirkten beweglich, durchscheinend, Paula fühlte auch hier das »sanfte Vibrieren der Dinge«, nach dem sie auf der Suche war.

Ihr Selbstbildnis von 1903 wirkt, als sei der Schleier weggenommen, als sei Paula dabei, sich offen zu machen, um hinter den Konventionen ihrem Ich näherzukommen.

Der Widerspruch zwischen den Liebesbriefen an Otto, die von Geborgenheit, von Heim, Herd und Sehnsucht nach der Zweisamkeit sprechen, und Paulas Pinsel und Zeichenstift,

die über alle Konventionen und Besitzängste hinausmalen, ist nicht zu übersehen.
Weil Paula in ihrer Kunst und auch gegenüber der Kunst anderer nicht anders als ehrlich sein kann, gelingt es ihr während ihres zweiten Paris-Aufenthaltes nicht mehr, die deutsche Einstellung zum französischen Wesen zu befürworten. Die Tiefe und Ernsthaftigkeit, deren sich Deutschland rühmt und die dem angeblich leichtfertigen, oberflächlichen Leben in Frankreich entgegengehalten wird, kommt Paula nun eher konservativ und verklemmt vor.

[An Otto, 12.3.1903]

Überhaupt bekomme ich eine Achtung vor diesem Volke und fange an zu glauben, daß das Urteil über sie, was bei uns das landläufige ist, einigermaßen schief ist ... oberflächlich in ihrem Studium sind sie nicht, das ist ganz gewiß ...

»... ich bin nach Brünjes gezogen und spiele Paula Becker ...«

In Worpswede hat sich nichts verändert. »Je merkwürdiger, weltabgewandter unser Leben, desto heilsamer für die Kunst«, hatte Otto am 6. Juli 1901, kurz nach ihrer Heirat, behauptet. Paula konnte nicht damit rechnen, daß Otto durch ihre Begeisterung verlockt würde, seine stille Arbeitsklause in Worpswede mit einem Pariser Hotelzimmer zu vertauschen. Otto hatte auf ihre mehrfachen brieflichen Bitten, ihr nach Paris zu folgen, auch nicht reagiert, sondern Paulas Abwesenheit dazu benutzt, intensiv auf seine Weise zu arbeiten. Dabei sind eine Reihe neuer Bilder entstanden, für die Otto erstmals Raffaelli-Ölfarbstifte* benutzt hat.
»Na, Du schüttelst ja Neues aus dem Ärmel«, hat Paula am 19. Februar aus Paris geschrieben.
Sie gibt sich der Illusion hin, daß durch den brieflichen Austausch und durch ihre detaillierten Erlebnisschilderungen der künstlerische Dialog zwischen ihr und Otto fortgesetzt und sogar in die Richtung der neuen Bewegung geführt werden könnte, die in Paris stattfand.
Beim Betrachten von Ottos »Raffaelli«-Bildern muß Paula begreifen, daß Otto mit ihrer Paris-Reise nichts anfangen kann und will. Die verschiedenen Denkanstöße in der Kunst, die sie für sich und ihn meinte mitbringen zu können, berühren Ottos Kunst nicht, weil ihre künstlerischen Ansprüche und Ottos auf völlig verschiedenen Ebenen liegen. Otto schreibt am 23.3.1903 in sein Tagebuch:

Meine liebe Paula bringt mir – von Paris zurückgekehrt – die wunderbarsten Dinge: auf der einen Seite eine Vertiefung unserer Liebe ... Und dann die Kunst: sie mag meine Bilder,

---

* Erfunden von Jean-Francois Raffaelli, einem franz. Maler.

die ich etwas überhastet mit Raffaellistift angefangen, nicht ...

Keine Gemeinsamkeiten in der Kunst also. Bleibt für die Beziehung zwischen Paula und Otto das Zusammenleben übrig in Haus und Garten, die gemeinsame Sorge für das Kind Elsbeth, Familienurlaub in Amrum, die großen und kleinen Alltäglichkeiten.
Otto ist ausgefüllt mit seiner Arbeit, die der Familie das Einkommen gewährleistet. Er braucht nicht mehr für sich und seine Kunst als Paulas Liebe um sich herum. Und so leben die Malerfamilien in Worpswede, so lebt Heinrich Vogeler mit Frau und Kind. »Der Frau muß die Kunst ganz klein sein«, ist Vogelers Meinung.
Als Rilke Sommerferien in Worpswede macht, schreibt er an Lou Andreas-Salomé:

Es wird immer kleiner um Heinrich Vogeler, sein Haus füllt sich mit Alltag aus, mit Zufriedenheit, mit Conventionen und Trägheiten, so daß nichts Unerwartetes mehr geschieht.

Seit ihrer Rückkehr aus Paris bemüht sich Paula um ihre Liebe zu Otto. Rilkes freudlose Künstler-Ehe hat sie nicht als positive Alternative erlebt, eher als Abschreckung. Der Worpsweder Familiensommer der Modersohns scheint Harmonie in Paulas und Ottos Beziehung gebracht zu haben. Ottos Schaffen, Ottos Wohlbefinden sind in den Vordergrund gerückt.

[An die Mutter, 2.11.1903]

... Ich weiß mich nicht hier aus meinem Häuschen wegzustehlen, ohne daß die drei übrigen Insassen trübselig verwaist sind. Otto hat in dieser Zeit eigentlich mehrmals täglich mein Gesicht nötig. Elsbeth macht ihm viel zu viel Radau ... So muß ich immer das Öl sein, das die Wogen glättet ...

Otto vermerkt denn auch in seinem Tagebuch, daß es mit Paulas Haushaltsführung nun ganz gut klappt. Ihre vielseitigen geistigen Interessen gefallen ihm, aber sie geben auch Anlaß zur Sorge; denn »das Familiengefühl und Verhältnis zum Haus ist zu gering.« Otto hofft, dies möge sich bessern. Was die geistigen Interessen betrifft, so wünscht Otto sich mehr Miteinander von Paula. Sie soll ihr geistiges Engagement nicht für sich behalten, sondern hergeben. Wie kann sie das aber, wenn Otto sich durch ihre neue Malerei nicht mehr angeregt, sondern aufgeregt und sogar abgestoßen fühlt.
Aus Ottos Tagebuch vom 26.9.1903:

... Paula haßt das Konventionelle und fällt nun in den Fehler, alles lieber eckig, häßlich, bizarr, hölzern zu machen. Die Farbe ist famos, aber die Form? Der Ausdruck! Hände wie Löffel, Nasen wie Kolben, Münder wie Wunden, Ausdruck wie Cretins ... und dazu Kinder ...

Paula bringt es vielleicht fertig, sich im Persönlichen zurückzunehmen und anzupassen, aber in ihrer Kunst macht sie keine Kompromisse.
In diesem Winter 1903/04 malt sie nicht viel, sie macht es ihrer Umgebung ja wieder mal doch nicht recht. Dafür malt Otto um so mehr. Paula aber lebt in ihrer häuslichen Sicherheit voller Unsicherheit. Sie hat wieder angefangen zu lesen, hauptsächlich französisch. So erlebt sie, was sie sich wünscht, in Büchern. Ihre Schwester Milly, die nach einer gescheiterten Verlobung aus Bremen weggegangen ist, wird Paulas neue Vertraute. Milly erfährt, daß Paula Briefe der Frauenrechtlerin George Sand liest, halb fasziniert, halb erschrocken.

[18.1.1904]
... (Briefe), die mich teilweise sehr interessieren, eigentlich die Briefe nicht so ... als die verschiedenen Verhältnisse, die sie mit den verschiedensten größten Männern gehabt hat... nur scheint es mir, daß sie ein wenig an weiblicher Zuchtlosigkeit im Stile leidet ...

An Milly schreibt Paula auch von Ottos nervösen Herzbeschwerden, von der Sorge um seinen Gesundheitszustand und von Ottos vielen, zarten, gefühlvollen Bildern, ungefähr siebenhundert kleinen Kompositionen, die Paula bewundert.
Etwas von der Spannung in Modersohns Haus wird spürbar, wenn Paula belustigt schildert, wie die sechsjährige Elsbeth im Haushalt für Ordnung sorgt. Um das triste Klo zu verschönern, legt Paula eine wertvolle bunte Matte darin aus und wird von Elsbeth getadelt, daß sie »an solch einem Ort« Kostbarkeiten verschwende. Paula vergißt wohl auch, sich schön zu machen. Aber Elsbeth »denkt sich neue Haarfrisuren aus«, schreibt Paula an Milly, »und eine Hälfte ihres kleinen Gehirns ist angefüllt mit neuen Kleidern und neuen Hosen und neuen Leibchen und neuen Schuhen.«
Die kleine Tochter bringt zum Ausdruck, was der Vater an der Stiefmutter vermißt.
Paulas Hang zum Unkonventionellen aber kommt erst richtig zum Ausbruch, als Otto am 15. April 1904 zu seinen Eltern nach Münster reist. Kaum hat Paula sich von ihm verabschiedet, nimmt sie sich frei und verläßt das gemeinsame Haus, um in ihrem Atelier bei Brünjes zu wohnen.
Am selben Tag noch schreibt sie an Otto sehr anschaulich, wie befreit sie sich von ihm fühlt.

Bei Brünjes in Ostendorf
Morgens 11 Uhr, den 15. April 1904

Lieber. Wie ich Dir adieu sagte da hatte ich ungefähr so ein Gefühl wie Elsbeth, wenn sie uns glücklich in den Wagen gesetzt hat und nach Bremen abfahren sieht und denkt, daß sie nun einen ganzen Tag oder zwei vor sich hat, an denen ihr niemand etwas verbietet. Ich fühlte mich so göttlich frei. Und wie ich über den Berg ging und den Lerchen zuhörte, da hatte ich in mir so ein stilles Lächeln und ein wenig kam über mich das Gefühl: »Was kostet die Welt.« ... Weißt Du, gerade daß Du im Hintergrund meiner Freiheit stehst, das macht sie so schön. Wenn ich frei wäre und hätte Dich nicht, so gelte es mir nichts ...

An Milly schreibt sie am gleichen 15. April:

Mein Mann ist nach Münster gereist ... Und ich bin nach Brünjes gezogen und spiele Paula Becker ... halb bin ich Paula Becker noch, halb spiele ich sie ...

Milly befindet sich in Florenz, sie hat die Uffizien und alle Kunst; Böcklins Villa soll sie sich anschauen und Hildebrands* Atelier. Und Paula sitzt in Worpswede und macht sich Gedanken über den Wert Besitz.
Das Glück, das Paula durch die Worpsweder Besitztümer – Heim, Herd, Mann und Kind – gewonnen hat, unterscheidet sich von dem Glück, das Paula in sich selbst erfährt, wenn sie initiativ wird. Dieses eigene Glück ist viel unscheinbarer, anspruchslos, sogar kärglich, so wie ihre Bilder, so wie das Paula-Becker-Spiel.
Zu dem Paula-Becker-Spiel gehört das Brünjes-Strohdachhaus. Sie habe in ihrem ganzen Leben noch keine Wohnung so geliebt, vertraut Paula der Schwester Milly an.

* Adolf v. Hildebrand (1847–1921), deutscher Bildhauer.

Die Wohnung im Brünjes-Haus hat ihr niemand vorgeschrieben. Paula hat sie mit ihrem eigenen Geld nach der ersten Paris-Reise um 1900 gemietet und eingerichtet. Jedes Möbelstück, der Petroleumofen zum Kochen von kleinen Mahlzeiten, der Wasserkessel, hat seine besondere Bedeutung für Paula. Die Werkstatt im Brünjes-Haus erinnert Paula auch an ihren Freund Rilke, an die unvergeßlichen Gespräche im »Lilienatelier«.

Wenn Paula sich selbst spielt, bereitet sie sich ihre Lieblingsspeise: kalten, süßen Reis mit Schnittäpfeln und Rosinen, und sie sucht sich ein Buch aus ihrer kleinen Bibliothek, *Goethes Briefwechsel mit einem Kinde* von Bettina von Arnim oder *Notre Dame de Paris* von Victor Hugo, das Rilke Paula geschenkt hat.

Von der Freude, die sie sich bei Brünjes während Ottos Abwesenheit geholt hat, möchte Paula abgeben. Eine Zeitlang vergnügt Paula sich gemeinsam mit ihrer Schwester Herma und Martha Vogeler am »Duncan«, einem von Isadora Duncan in Amerika entwickelten Ausdruckstanz. Aber Otto mag nicht so gern dabeisein und die Musik machen, obwohl er früher einmal Flöte gespielt hat. Auch Schlittschuhlaufen ist mehr Paulas als Ottos Vergnügen.

Geduldig wartet die Familie darauf, daß Paula »erwachsen« wird, daß sie ihre Haushaltspflichten ernster nimmt und schließlich in ihnen aufgeht. Aber Paula fällt immer wieder aus der Rolle. Im Sommerurlaub, den Modersohns in Dresden und gemeinsam mit Vogelers in Fischerhude verleben, vermerkt Otto in seinem Tagebuch: »Wohnten bei Berkelmanns, Paulas Bett brach durch ...«

Am Heiligen Abend 1904 hat Paula nichts anderes mehr im Sinn, als nach Paris zu fahren. Paula gelingt in diesem Winter in Worpswede keine Arbeit mehr. Sie hat sich mit ihrer Kunst zu sehr ins Abseits gemalt, hat keinen Gesprächspartner mehr für ihre Träume; wenn von Kunst die Rede ist, dann von Ottos Kunst.

[An Milly, Januar 1904]

... Otto hat schöne Bilder unter seinen Händen. Herbst und Frühling und allerhand Feines ...

[März 1904]

... Er hat dieses Jahr besonders viel Schönes geschaffen und ist so froh und gehoben und getragen ...

Für Otto bedeuten Paulas Sonderwünsche einen Einbruch in das ruhig dahinfließende Familienleben. Er kann Paulas Unrast nicht verstehen. Hat sie denn nicht alles, was eine Frau zum Glücklichsein braucht? Otto gibt nicht gern seine Einwilligung zu einer neuen Paris-Reise. Es wird erwogen, daß Ottos Bruder Willy und dessen Frau Paula nach Paris begleiten. Da fürchtet Paula um ihre Unabhängigkeit. Sie will Paris mit ihrer Schwester Herma genießen, und natürlich will sie endlich wieder intensiv arbeiten, »denn wenn man lange nichts gethan hat dann bekommt man ordentlich einen Hunger darauf ...«, so schreibt sie am 24. 12. 1904 an Herma.

Selbstbildnis, um 1903
Kohle, 8,5 × 8,7 cm
Privatbesitz

»Je suis très fidèle«*

Kaum hat sich Paula auf den Weg nach Paris gemacht, wird sie französisch. Otto erhält zwei Postkarten in der Landessprache, die, wie die Briefe, die Paula in kurzen Abständen nach Hause schreibt, nicht mehr von der Sehnsucht nach Rückkehr erfüllt sind. Paula genießt die Trennung von Worpswede und von Otto und schreibt ihm das auch.
Es muß Otto beunruhigen, durch Paulas Briefe zu erfahren, wie sehr sie in Paris auflebt, wie ihr außer der Kunst nun auch das Pariser Flair gefällt und wie sie und Herma sich im Fasching mit zwei Bulgaren amüsieren.
Wie früher schon wirkt Paulas Mutter im Hintergrund, sorgt für die verlassene Familie Modersohn in Worpswede und entlastet Paula von ihrer Verantwortung.
Paulas enthusiastische Paris-Berichte verunsichern nicht nur Otto. Auch Heinrich Vogeler weiß ja längst, daß in Worpswede nicht die ganz große Kunst gemacht wird. Aber von der Worpsweder Kunst läßt sich leben, und Mackensen, Overbeck, am Ende, Vogeler und Modersohn genießen Ansehen in Deutschland. Sollen sie etwa ihren Erfolg aufs Spiel setzen, ihr Kunstverständnis über Bord werfen und in Paris lernen, wieder von vorn anzufangen? Anfänger wollen sie alle nicht mehr sein. Paula dagegen ist lernbegierig genug, um ihre Kunst so lange in Frage zu stellen, bis sie an ihrem Ziel angelangt ist.

[An Otto, 15.3.1905]

... Wenn ich frei wäre, ging ich mindestens noch ein halb Jahr hier auf die Akademie. Dir wäre es auch gut, Du wirst es wohl aber nicht finden ...

* »Ich bin sehr treu« – auf einer Karte an Otto, 15.2.1905.

Otto meldet sich zwar schon Ende Februar – etwa vierzehn Tage nach Paulas Aufbruch – mit Vogelers zu einem Besuch in Paris an, aber nicht, weil plötzlich die Pariser Avantgarde für seine Kunst interessant geworden wäre, sondern weil Paula sich unverheiratet verhält.
Paulas Begeisterung über Ottos Kommen hält sich zunächst in Grenzen:

[28.2.1905]
... Wenn Du kommst, müssen wir wohl ein Zimmer mit zwei Betten beziehen ...

Im nächsten Brief liest sich Paulas Erwartung freudiger:

[6.3.1905]
O, weißt Du, ich freue mich ganz riesig auf Dich mein lieber Rother. Wir wollen unsere Zeit kolossal genießen ...

Aus dem gemeinsamen Genießen wird jedoch nichts. Paula ist dabei, die Reste ihrer Voreingenommenheit gegen das Französische abzustreifen. Jetzt beginnt sie nicht nur in ihrer Kunst, sondern auch im Leben gegen die kleinbürgerliche Enge zu protestieren.
In Paris fällt es ihr leicht, zu protestieren. Die Pariser sind selbstbewußt genug, um sich Veränderungen zu erlauben. Haben sie doch 1789 sogar eine Revolution gewagt!
Während Kaiser Wilhelm II. die deutschen Künstler ermahnt,

... die Ideale der Kunst in den durch die Überlieferung und die unwandelbaren Gesetze der Schönheit, Harmonie und Ästhetik zugewiesenen Bahnen zu hüten und zu pflegen ...,

kann sich in Frankreich neben der offiziell anerkannten Kunst das Unabhängige nach allen Richtungen hin entwikkeln.

Im »Salon des Indépendants«* findet 1905 eine Riesenausstellung der Modernen statt. Der deutsche Kunstschriftsteller Julius Meier-Graefe bezeichnet diese Ausstellung als »reine Anarchie«, aber Paula kann ihre Faszination doch nicht ganz verstecken, wenn sie an Otto schreibt:

[22.3.1905]

... Viel Schmus, die Wände mit Sackleinwand bekleidet und eine jurylose Anzahl Bilder, die alphabetisch geordnet bunt die Sinne verwirren. Man weiß nicht recht, wo die Schraube wirklich los ist, aber daß sie irgendwo fehlt, empfindet man dunkel ... Es ist wieder einmal ganz und gar Paris mit seinen Launen, mit seiner Kindlichkeit ... Es ist eben ein kolossales Leben und ein kolossaler Geist in diesen Mauern ...

Paula bringt die »ewig Einheimischen«, wie Rilke die Worpsweder bezeichnet hat, aus der Fassung, als sie nach Hause berichtet, sie habe mit ihrer Schwester Herma auf einem Vaudeville** einer Art Striptease zugeschaut. Im Gegensatz zu ihren ersten Paris-Besuchen legt Paula es diesmal darauf an, die Familie zu schockieren. Das gelingt ihr auch bei ihrem Bruder Kurt, der ihr wegen sittlicher Gefährdung der 18jährigen Herma Vorwürfe macht. Otto gibt sich freizügiger. Er möchte Paula »im Akt« in einer der Worpsweder Lehmgruben malen. Diese Aussicht verlockt Paula jedoch nicht dazu, Paris den Rücken zu kehren.
Als Otto im Sommer Paula wirklich unbekleidet in einem Tannenwäldchen malt, werden sie beobachtet. Gerüchte von Nacktorgien werden verbreitet. Hans am Ende fordert wegen dieser Angelegenheit Heinrich Vogeler zum Duell heraus. Von all dem weiß Paula noch nichts, aber sie weiß

* Salon der Unabhängigen. Die Société des Indépendants wurde 1884 gegründet, Signac und Seurat waren maßgeblich beteiligt, Hauptausstellungsforum der Neoimpressionisten.
** Revue mit halbmusikalischen Possen.

sehr wohl, wie eng in Worpswede die Grenzen des Anstands sind.
Paula möchte Otto lieber unabhängig von Worpswede in Paris haben und verspricht ihm, daß er in der Akademie Julian in den Nachmittagscroquis* ein paar Akte zu sehen bekäme.
Wenn Paula an Otto schreibt: »Wir wollen diesen Frühling wahrnehmen, als wenn es unser erster wäre, den wir zusammen erleben ...«, so liegt in diesen Worten die Hoffnung auf eine neue Entwicklung, die Paula bereits gewagt hat und die sie gern mit Otto gemeinsam verwirklichen möchte.
Otto findet Paula in ihrem Hotel Rue Madame so glücklich und heimisch vor, daß er sich fühlt, als käme er von einem anderen Stern nach Paris auf Besuch. »Die Zeit war nicht erfreulich«, schreibt er in sein Reisetagebuch.
Er kommt sich wie ein Bettler vor, der nichts mehr zu bieten hat. Paula dagegen erscheint wie reich geworden. Sie möchte Otto von ihrem Glück abgeben, das sie sich aus den Kunstausstellungen, den Vergnügungsstätten, den Ateliers, Akademien, den Parks, Gärten und Vororten von Paris geholt hat.
In Paris wird Otto aber nun bewußt, daß Paula aus seiner Worpsweder Fluchtburg ausgebrochen ist, daß seine Werte nicht Paulas Werte sind, in der Kunst nicht und nicht im Leben. Unter diesem Eindruck kann er von ihr nichts annehmen.

---

* Zeichenstunden

»Frauen werden nicht leicht etwas Ordentliches erreichen«

Otto hat gar nicht so Unrecht mit seinem Verdacht. Nicht einmal der Frühling in Worpswede, den Paula sonst immer als Veränderung zum Positiven erlebt hat, kann mit den Wochen in Paris konkurrieren, und wenn er auch mit Paulas Lieblingsblumen und mit noch so schönen Farben kommt. Paula bittet Herma, ihre Briefe, die sie von Worpswede nach Paris schreibt, in einem verschließbaren Kästchen zu verwahren. Herma soll die Briefe auf keinen Fall umhersenden. Paula mag auch ihrer eigenen Familie, außer Herma, ihre Gedanken nicht offenbaren.
Von Herma erbittet sie sich alle erreichbare Literatur über Gauguin, sie möchte seine Biographie haben und Aufsätze, die über ihn in verschiedenen französischen Zeitschriften erschienen sind. Die alten Meister interessieren Paula nicht mehr, nur noch die »aller-allermodernsten«. Der »Salon des Indépendants« hat großen Eindruck auf sie gemacht. Dort waren 44 Bilder von Seurat, 45 von van Gogh, 8 von Matisse und andere ausgestellt. Paula hat die Gauguins bei Fayet gesehen, bei Vollard Cézannes und Figuren von Maillol. Paula hat Maurice Denis in seinem Atelier besucht. Picassos Arbeiten hat sie sicher bei Vollard kennengelernt, vielleicht ist sie ihm bei Gertrude Stein* sogar persönlich begegnet.
In Paris wächst die Kunst des zwanzigsten Jahrhunderts heran, und Paula fühlt sich in ihrem eigenen Schaffen bestätigt und unter Gleichgesinnten. Sie hat keine Hemmungen mehr, von den Kontakten, die in Paris reichlich vorhanden sind, zu profitieren. In der kurzen Zeit ihres Aufenthaltes verliert sie ihre Fremdheit, Paris ist ihr künst-

* Amerikanische Schriftstellerin, in deren Pariser Wohnung alle späteren Berühmtheiten der Kunstszene verkehrten.

lerisch so nahe gerückt, daß sie sich nach ihrer Heimkehr in Worpswede nicht mehr zurechtfindet. Sie lebt und arbeitet nur noch in Gedanken an Paris.
Auch andere deutsche Künstler haben Paris besucht. 1905 muß Paul Klee nach einem Aufenthalt in der Seine-Stadt feststellen:

Der Gegenstand an sich ist sicher tot. Die altmeisterliche Schule ist sicher erledigt.

Aber genau wie Emil Nolde, August Macke, Franz Marc, Ernst Ludwig Kirchner und all die anderen braucht er noch Jahre, um einen Weg aus dem in Deutschland herrschenden Kunstverständnis zu finden. In den Malervereinigungen »Brücke«, »Neue Künstlervereinigung München« und »Der Blaue Reiter« entstanden Gegenbewegungen gegen den deutschen Impressionismus. Paula ist diesen Entwicklungen weit voraus. Sie hatte ja schon Ende des neunzehnten Jahrhunderts ihren einsamen Weg zu den Vorstellungen begonnen, die als »moderne Malerei« auf Veränderungen zielten und das zwanzigste Jahrhundert prägen sollten.
Die Motivation für diesen Alleingang im Eiltempo findet sich in Paulas Frauen- und Berufssituation.
Paula hat vor allem Menschen gemalt. Ihr bevorzugtes Motiv war jedoch die Frau, als Mädchen, als Erwachsene, als Alte.
In seinem Werk *Woher kommen wir, was sind wir, wohin gehen wir?* stellt Gauguin die Frage nach dem Sinn des Lebens. Paula möchte malend herausfinden, was Frau ist, weil sie sonst nicht leben kann. Sie ist schon mit sechzehn Jahren zu kritisch und zu klug, um die herrschende Männermeinung über Frauen hinzunehmen. Paulas Menschenbilder beschönigen nicht, sie moralisieren nicht, sie klagen auch keine gesellschaftlichen Mißstände an. Ihnen fehlt das

Engagement für Unterdrückte und sozial Benachteiligte. Aber Paulas Kunst ist dennoch eine kritische Kunst, weil Paula sich persönlich in den Seinszusammenhang mit den Mädchen und Frauen begibt, die sie malt. Ihre Selbstbildnisse sind genauso wenig gefällig wie die Porträts und Aktbildnisse der Armenhäusler und Bauern. Die männlichen Kritiker, Museumsdirektoren und Künstler werden verunsichert, abgeschreckt von diesen Bildern.

Paulas Kunst ist eine große, beunruhigende Kunst, die alles in sich trägt, was die Epoche künstlerisch kann. Die fehlende Anmut der Menschenbilder aber treibt die männlichen Kritiker zu den abfälligsten Äußerungen. Die Mädchen- und Frauenporträts werden »häßlich, ungefällig, brutal« genannt, »geradezu fürchterlich«. Die alte *Armenhäuslerin am Ententeich* erscheint Gustav Pauli, dem Direktor der Kunsthalle Bremen, »als Unholdin, Ungeheuer, Scheusal, Teufelsspuk.«

Die Selbstbewußtheit, die diese Frauenfiguren ausstrahlen, schockiert. Es sind in sich ruhende Menschen, die den Betrachter mit der Herausforderung provozieren: das ist eine Frau, wie sie sich selbst versteht, nicht mehr Objekt, das die Männer aus ihrem Frauenverständnis interpretieren. Diese Einstellung ist Paula zeit ihres Lebens von ihrer Umgebung als Egoismus vorgeworfen worden, von Männern, aber auch von Frauen.

[An die Mutter, 19.1.1906]

... Daß ich für mich brause, immer, immerzu, nur manchmal ausruhend, um wieder dem Ziele nachzubrausen, das bitte ich Dich zu bedenken, wenn ich manchmal liebearm erscheine. Es ist ein Konzentrieren meiner Kräfte auf das Eine. Ich weiß nicht, ob man das noch Egoismus nennen darf. Jedenfalls ist es der adeligste ...

Paulas Kunst ist große Frauenkunst. Auch das sollte nicht gelten. Fachmänner behaupteten denn auch, ihre Kunst sei eine »zupackende, ganz und gar unsentimentale, im Grunde beinahe männliche Kunst.« Und es wird versucht, Paula mit männlichen Kollegen zu vergleichen. Hat sie nicht »nach« diesem oder jenem gemalt? Da Kunst überall als Männerkunst herrscht, wird die Malerei einer Frau natürlich am Selbstverständnis der Männerkunst gemessen.
Bei gerechter Würdigung dieser außerordentlichen Frauenleistung könnten auch andere Frauen vielleicht darauf kommen, sich nicht mehr mit Dilettantismus und Kunstgewerbe zufriedenzugeben und entsprechende Forderungen nach Ausbildung an die Männerwelt zu stellen. Das Gesellschaftsgefüge geriete ins Wanken. Die Aggressionen und Beschimpfungen solcher Kunst sind Ausdruck von Männerängsten vor Veränderung. Deshalb ist Paulas Kunst emanzipatorisch, weil sie die Vormachtstellung des Mannes im Bereich des Schöpferischen in Frage stellt.
Aus Otto Modersohns Tagebuch 11.12.05:

Frauen werden nicht leicht etwas Ordentliches erreichen. Frau Rilke z.B. für die giebt es nur eins und der heißt Rodin, blindlings macht sie alles wie er – Zeichnungen etc. Das ist sehr falsch und äußerlich – wie ist ihr eigenes, hat sie eigenes? Fräulein Reyländer schwankt auch herum, hochmütig wie alle talentvollen Weiber und doch wird sie nichts erreichen außer kleinen Dingen ... Paula ähnlich. Sitzt auch fest und verschließt sich vernünftiger Einsicht und Rat ...

Otto meint, er müsse Paula mehr bieten: Geselligkeit, Reisen. Aber er reist mit Paula nicht nach Paris, sondern nach Westfalen, nach Schreiberhau zu Carl Hauptmann, nach Dresden, Berlin und Hamburg. Und in Worpswede wird jeden Donnerstag gekegelt.
In Wirklichkeit braucht Paula nichts »geboten«. Sie weiß selbst, was sie will und was sie malen will. Damit aber findet sie bei Otto keine Zustimmung. Aus Ottos Tagebuch, 11.12.1905:

Paula macht mir in ihrer Kunst lange nicht so viel Freude wie früher ... Malt lebensgroße Akte und das kann sie nicht, ebenso lebensgroße Köpfe kann sie nicht ... Verehrt primitive Bilder ... sollte sich malerische ansehen ...

Einer der lebensgroßen Köpfe gehört Clara Westhoff, die von Paula im Spätherbst 1905 bereits in der eigenwilligen neuen Art gemalt wird, nach der sie in Paris auf der Suche gewesen ist und die sie nun anwendet.
Seit Mai 1905 arbeitet Clara in ihrem neuen Atelier in Worpswede, Bergstraße 16. Paula und Clara denken längst nicht mehr daran, sich wegen ihrer ehelichen Bindung voreinander abzuschließen, und besonders Paula wird es in ihrer problematischen Beziehung zu Otto bewußt, wie beharrlich Clara ihre eigene Entwicklung durchsetzt. Paula sieht Clara mit anderen Augen, nicht mehr durch Ottos Brille und erkennt, daß die früheren Eitelkeiten und Eifersüchteleien ihre Freundschaft zu Clara nicht berührt haben. Clara hindert Paula nicht daran, sich aus den Anpassungszwängen zu befreien, sondern bestärkt die Freundin in ihrem Bemühen um Unabhängigkeit. Clara hat keinen Grund, Paulas Kunst anzuzweifeln oder abzulehnen. Sie ist

für die schöpferischen Impulse, die in Paris zu etwas Neuem werden, genauso sensibel wie Paula. Die Übereinstimmung, die Paula »Schwesternseele« nennt und die sie in Otto vergeblich gesucht hat, ergibt sich mit Clara wie von selbst. Solche Vertrautheit mit Clara macht das Verhältnis zu Otto noch schwieriger.

Clara fährt im Oktober 1905 für ein paar Wochen auf Einladung von Rodin nach Meudon. Sie wünscht sich, daß Paula nachkäme. Am 16. 10. 1905 schreibt sie ihr auf einer Postkarte: »Thun Sie es mir nach mit unerwarteten Entschlüssen.«

Paula traut sich nicht fort, sie scheut die Auseinandersetzung mit Otto.

Nach Claras Rückkehr vertieft sich das Verständnis zwischen den beiden Frauen, und Paula hat so viel Vertrauen zu Clara gewonnen, daß sie die Freundin malen kann.

Es hat seine Bedeutung, daß Claras Bild, das Bild einer Frau, am Anfang von Paulas erfolgreichster Schaffenszeit steht. In Claras bedingungsloser Anerkennung kann Paula sich freimalen und ihr Bestes leisten.

[Clara an Paula, 9.5.1906]

Ihr Porträt-Anfang von mir scheint mir immer wieder etwas ganz Grandioses. Und wirklich Großes muß aus diesem Beginn wachsen – es ist schon ein wirklicher Weg – ein Weg, der steigt ...

Paula arbeitet gleichermaßen intensiv am Inhalt und an der Form ihrer Kunst. Daß sie in ihren letzten großen Werken Menschen malt, die ihr am nächsten sind, entspricht der Gewißheit, mit der Paula sich ihrem Ziel nähert. Die Frage nach der Existenz der Frau, nach der Selbstverwirklichung in der Zeitspanne zwischen Geburt und Tod, wird in Paulas Menschenbildnissen gestellt und nach und nach beantwortet.

Bildnis Clara Westhoff, 1905
Leinwand, 52 × 36,8 cm
Hamburger Kunsthalle

Wie weit Paula in ihrer Entwicklung auf dem Weg der modernen Malerei fortgeschritten ist, zeigt die klare Tektonik des Bildes, die Paula durch äußerste Vereinfachung der Mittel erreicht. Paula hat inzwischen auch einen Farbauftrag entwickelt, der dem von ihr angestrebten Bildausdruck angemessen ist. Claras Gesicht wirkt durch das Rauhe und Körnige der Bildoberfläche, durch die Art, mit der Paula die Farben »moduliert« (Cézanne), lebendig, verletzlich. Im Zusammenhang von Bildkonstruktion, Farbwahl und Farbauftrag wird Claras Wesen, das Paula, besonders im Ausdruck der Augen, bewußt macht, für den Betrachter in seiner Eigenart sichtbar. Das Charakteristische im Menschen, frei von Fremdbestimmungen darzustellen, ist Paula gelungen.
Paula berichtet ihrer Mutter von der großen Freude, die ihr die Malstunden mit Clara bereiten. Während der Arbeit am Bild haben die beiden Frauen Zeit zum Reden, diesmal zum Reden über sich und nicht über große Männer. Im Hinblick auf die Situation der Frau ist ihre Entwicklung gar nicht unähnlich, und so haben sie beide was zu lernen über ihren Anspruch auf Arbeit, Anerkennung und Gleichberechtigung gegen den Führungsanspruch der Männer. Wie Clara in der Ehe mit dem komplizierten und auf sich bezogenen Rilke dennoch ihre Sache gemacht hat, davon ist auch in Paulas Bild etwas zu sehen.

[Paula an ihre Mutter, 26.11.1905]

... male ich jetzt Clara Rilke im weißen Kleid, Kopf und ein Stück Hand und eine rote Rose. Sie sieht sehr schön so aus und ich hoffe, daß ich ein wenig von ihr hineinbekomme ...

Der Persönlichkeit ihrer Freundin Clara im Bild gerecht zu werden, bedeutet für Paula auch, Erkenntnisse über sich selbst zu gewinnen. Clara erfährt, daß Paula Worpswede nicht mehr aushält.

Die Überzeugung, daß Paula wirklich etwas Hervorragendes kann, führt zu der Überlegung, wie Paula von dem, was sie kann, auch leben könnte. Dazu braucht Paula Ausstellungen, in denen ihre Bilder zum Verkauf angeboten werden, sie braucht Kunsthändler, die ihre Bilder verkaufen, Förderer, Kontakte. In Deutschland sieht Paula für ihre Kunst keine Chance. Die Erfahrungen mit der Bremer Kunsthalle möchte sie nicht wiederholen. In Worpswede hat niemand ihr zu einer Ausstellung geraten oder verholfen, und wenn Otto auch darüber geklagt hat, daß niemand Paula als Malerin zur Kenntnis nimmt und keiner nach ihren Bildern fragt, so hat auch er noch keine Anstrengung unternommen, um ihr eine Ausstellung ihrer Bilder zu vermitteln. Im »Salon des Indépendants« in Paris jedoch kann Paula sich ihre Bilder unter den verschiedenen Modernen durchaus vorstellen. Paula und Clara gelangen beim Abwägen der Möglichkeiten, die Paula ausnutzen kann, doch wieder auf Paris, und eigentlich ist Paris für Paula schon längst zur Wahlheimat geworden.
Seit dem Frühjahr hat Paula auch ganz praktisch an Paris gedacht und sich fünfzig Mark gespart. Die sieben großen Bildnisse aus Paulas letzter Epoche (Clara Westhoff, Werner Sombart, Herma Becker, Rainer Maria Rilke und zweimal Lee Hoetger) sind nicht mehr zum Verstecken auf dem Dachboden gemalt. Paula hat sie mit verstärkter Gewißheit ihres Könnens und ermutigt durch ihre Freunde für eine Ausstellung gemalt, und von einer solchen Ausstellung erhofft sie sich den Anfang einer finanziellen Unabhängigkeit. Der zweite ehrliche Bewunderer von Paulas Leistung wird Rilke, der um die Weihnachtszeit 1905 nach Worpswede kommt und in Paulas Atelier überrascht und fasziniert vor dem Werk steht, das Paula in den fünf Jahren seit ihrer ersten Begegnung geschaffen hat und das Rilke zum ersten Mal sieht.

»Freisein ... mit allen seinen Möglichkeiten, mit dem großen Eigentum aller seiner Stunden*«

Abgesehen vom »Freisein mit allen seinen Möglichkeiten« ist das Freisein eines Mannes und Künstlers wie Rilke nach der gesellschaftlichen Norm ein anderes als das Freisein einer Frau und Künstlerin wie Paula Becker.
Obwohl Rilke, ebenso mittellos wie Paula, mit Schwierigkeiten zu kämpfen hat, um sich mit seiner Begabung durchzusetzen, so findet er doch sein Leben lang tatkräftige Hilfe und Fürsprecher in der Gesellschaftsschicht, die durch Bildungsprivilegien und finanzielle Sicherheit in der Lage und interessiert ist, Talente zu fördern. Rilkes Sensibilität und seine Fähigkeit, mit seiner Dichtkunst Gedanken und Gefühle zu berühren und zu vertiefen, verschaffen ihm Gönner und vor allem Gönnerinnen, die ihm den notwendigen Rahmen für ein ungestörtes und von Geldsorgen unbelastetes Arbeiten geben. Daß ein Künstler um neunzehnhundert mit Unterstützung von Frauen in der Gesellschaft zu verdientem Ansehen gelangen kann, ist nichts Ungewöhnliches und bestätigt nur die Rollenverteilung. Die Mäzene wiederum profitieren ihrerseits von ihren genialen Schützlingen, die ihnen ihre Werke widmen und durch ihr Wirken den Ruf der Gastgebersalons vermehren, Begegnungsstätten der Intelligenz zu sein.
Die Förderung talentierter oder gar genialer Frauen fällt weder männlichen noch weiblichen Mäzenen ein. Nach herrschendem Verständnis gibt es nur männliche Genies.
Es ist zwar Mode, daß vermögende Männer viel Geld für weibliche Bühnenstars, Sängerinnen, Tänzerinnen oder Schauspielerinnen ausgeben und auch ihren Einfluß geltend machen, um in diesen Berufen Nachwuchstalente zu för-

* Zitat von Rilke. Nach H. W. Petzet *Das Bildnis des Dichters*, S. 59.

dern, die Gönner verbinden ihre Hilfe jedoch meistens mit Forderungen, die sich nicht nur auf die künstlerischen, sondern auch auf persönliche Leistungen der weiblichen Schützlinge erstrecken. Was die Frauen durch ihre Berufstätigkeit an Selbstbewußtsein gewinnen, wird durch Unterwerfung unter die persönlichen Wünsche der Männer wieder zunichte gemacht.

Auch Rilke gerät durch die ökonomische Abhängigkeit von seinen Förderern in Konflikte mit seiner Person. Die gesellschaftliche Norm vom schöpferischen Mann gestattet es ihm jedoch, aus persönlichen Bindungen an männliche und weibliche Förderer wieder auszusteigen, sobald sie seine Freiheit beeinträchtigen.

Die Beziehung zwischen Paula und Rilke ist nicht in das übliche Mann/Frau-Spiel übergegangen und vielleicht deshalb vor Oberflächlichkeiten bewahrt worden. Von der Tiefe und Intensität des ersten Augenblicks ist in den folgenden Begegnungen der beiden nichts verloren gegangen.

Als Rilke um Weihnachten 1905 feststellt, daß Paula »rücksichtslos und geradeaus malend ... auf einem ganz eigenen Weg« künstlerisch weitergekommen ist, kann er ihr seine Anerkennung nicht versagen. Es ist keine leere Geste, sondern ein sinnvoller Freundschaftsdienst, den Rilke Paula leistet, als er ihr das um 1903 gemalte Bild »Säugling mit der Hand der Mutter« abkauft.

Um nach Paris zu gehen, braucht Paula Geld.

Und Rilke will Paula mit dem Kauf beweisen, daß ihre Arbeiten wertvoll genug sind, um ihr ein eigenes Auskommen zu sichern. Diese selbstverständliche und vorbehaltlose Anerkennung stimmt mit Paulas eigenem Bewußtsein ihres Könnens überein und bestätigt ihr, daß ihre Arbeiten in die Reihe der großen neuen Malerei gehören.

Paula hat ihrer Schwester Herma schon vor Weihnachten

und vor Rilkes Eintreffen angedeutet, daß sie Worpswede verlassen wird.

[18.12.1905]
... (Gestern hat mir eine Sternschnuppe gesagt, daß ich mit ihnen [Teelöffel] in Deiner klösterlichen Heimat noch dieses Frühjahr mit Dir ein confiture de fraises löffele. Vielleicht hat sie nicht gelogen.)

Rilke achtet den nach gründlichen Erwägungen gefaßten Entschluß der Freundin, sich von Worpswede und Otto Modersohn zu trennen. Er fährt zurück nach Paris, wo er sich nach Ausstellungsmöglichkeiten für Paula umsieht, und Paula wartet auf den Tag, an dem sie ihm folgen kann.
Die Beziehung zu Otto läuft in diesen für Paula entscheidenden Wochen Ende 1905/Anfang 1906 mit kleinen Privatheiten nebenher. Ottos Reisevorschlag zum Jahreswechsel ist gut gemeint, aber nicht das Richtige. Paula begleitet ihn zu Carl Hauptmann nach Schreiberhau, nach Dresden und Berlin zu Kunstausstellungen. Sie möchte ihn in seiner Freude, ihr eine Freude zu machen, nicht verstören. Die Beziehung hat ihre Auseinandersetzungsfähigkeit verloren. Das harmonische Weihnachtsfest, der abwechslungsreiche Urlaub, Paulas und Ottos Geburtstagsfeiern in Frieden und Eintracht sind ja viel mehr Ottos Freuden, von denen er sich nur vorstellt, daß sie Paulas sein sollten. Paula behält ihre Paris-Pläne für sich und verschwindet in der Nacht nach Ottos Geburtstag, am 23. Februar 1906, heimlich aus Worpswede.

[⟨Tagebuch⟩ Paris, den 24. Februar 1906]
Nun habe ich Otto Modersohn verlassen und stehe zwischen meinem alten Leben und meinem neuen Leben. Wie das neue wohl wird. Und wie ich wohl werde in dem neuen Leben? Nun muß ja alles kommen.

Paula ist in diesem Jahr dreißig geworden. Sie hat den Gedanken ihres Vaters nicht vergessen, daß Altwerden schrecklich wäre, Altwerden und es nicht geschafft zu haben, sein Lebensziel zu erreichen.
Paula ist sich ihrer Kunst sicher. In Paris will sie sich Anerkennung verschaffen, und sie will lernen, ohne einen Mann im Hintergrund zu leben.

[An Rilke, 17.2.1906]

... Ich habe das Gefühl, ich bekäme ein neues Leben geschenkt. Das soll schön und reich werden und wenn etwas in mir sitzt, dann soll es erlöst werden. Sie haben sich so gütig nach verschiedenen Ausstellungen erkundigt. Ich danke Ihnen. Den Salon will ich gar nicht versuchen, die Indépendants nächstes Jahr. Dann giebt es vielleicht schon etwas Besseres ...
Und nun weiß ich gar nicht wie ich mich unterschreiben soll. Ich bin nicht Modersohn und ich bin auch nicht mehr Paula Becker.
Ich bin
        Ich
und hoffe, es immer mehr zu werden. Das ist wohl das Endziel von allem unsern Ringen.

Aber Paulas Start in Paris beginnt mit einer Enttäuschung. Ihre Schwester Herma ergreift die Partei des Mannes.

[Herma an die Mutter, 22.2.1906]

Heute ist Schwager Ottos Geburtstag. Der gute Kerl wird froh sein, seine Frau diesmal bei sich zu haben und daß sie nicht wie letztes Jahr in Paris rumhuppt, was ihm doch blutige Stiche ins Herz gegeben...

Die Frauen in der Familie Becker stehen nicht auf seiten der Frauen. Paulas Mutter überläßt dem erwachsenen Sohn Kurt, der als Arzt praktiziert, gern den Vorsitz in der

Familie. Nach dem Tod von Woldemar Becker stellt sich die traditionelle Familienstruktur bei Beckers wieder her, und Paula sieht sich den alten Zwängen aufs neue ausgesetzt. Schon im vergangenen Jahr ist sie von Kurt wegen ihres Verhaltens in Paris gerügt worden. Alles, was Paula unternimmt, wird an ihrer Rolle als Ehefrau von Otto Modersohn gemessen, so, als habe die Familie gar nicht bemerkt, daß Paula Malerin ist und daß sie Otto nicht geheiratet hat, weil sie verheiratet sein wollte.
Milly hat 1905 geheiratet.
Herma ist die einzige Frau in der Familie, die in Paris auf eigenen Füßen steht und sich das Geld für ihr Französischstudium durch deutschen Sprachunterricht verdient. Gerade von Herma hat Paula sich deshalb Verständnis für ihre Emanzipation erhofft.
Die Bereitwilligkeit, mit der Herma im letzten Frühling auf Paulas Unternehmungen in Paris eingegangen ist, hatte Paula zu der Annahme verleitet, auch Herma könnte sich vielleicht dem vorgeschriebenen Rollenverhalten widersetzen.
Aber Herma ist unangenehm überrascht, als Paula einen Tag nach Ottos Geburtstag plötzlich in Paris auftaucht. Sie macht Paula keine Vorwürfe, aber unterstützt auch nicht Paulas Entschluß, sich aus der Ehe zu lösen. In der Folgezeit spielt sie eine Art Vermittlerrolle, jedoch eher zugunsten Ottos und der Familie als zugunsten Paulas.
Rilke hat Paula in Paris erwartet. Er schreibt an Clara:

Sie ist mutig und jung und, wie mir scheint, auf einem guten aufsteigenden Wege, allein wie sie ist und ohne alle Hilfe.

Rilke ist guten Willens, Paula in Paris zur Seite zu stehen, sie an seinen Kontakten zu Künstlern und Schriftstellern teilnehmen zu lassen, ihr Geld zu leihen, mit ihr Veranstaltun-

gen zu besuchen. Er kann ihr keine bürgerliche Geborgenheit geben; sie könnte aber – wie er – ihre Geborgenheit im Freisein finden.
Im Februar 1906 wohnt Rilke noch in Meudon, wo ihm als Sekretär von Rodin ein behagliches Haus zur Verfügung steht.
Aber schon im Mai verläßt Rilke nach einer Auseinandersetzung seinen Gönner. Rodin hatte zuviel von Rilkes freier Zeit und damit von seiner für die Dichtung bestimmten Schaffenskraft beansprucht. Von Mai bis Ende Juli befinden sich Paula und Rilke deshalb in ähnlich unsicherer Lage in Paris. Was sie beide durch die Aufgabe ihres durch Abhängigkeit bequemen Lebens gewinnen, ist die nicht festlegbare, unberechenbare, unmeßbare Lust am Schöpferischen.

Paulas Überzeugung: »Ich werde etwas – ich verlebe die intensiv glücklichste Zeit meines Lebens« wird von der Familie nicht geteilt.
Bruder, Schwester und die Mutter reagieren mit Kopfschütteln, Empörung oder mit gut gemeintem, falschen Verständnis auf Paulas Handlungsweise. Mutter Becker möchte Paula nichts Böses unterstellen und hält sie lieber für krank. Am 8.5.1906 schreibt sie ihr besorgt: »... meine Paula, Leib und Seele muß Dir krank sein.«
Mit der Begründung von Krankheit hatte die Mutter früher schon Paulas Widersetzlichkeiten gegen die väterlichen Anordnungen in Schutz genommen und damit mildernde Umstände für Paula erreicht. Die Ursachen der Konflikte sind dadurch gar nicht erst aufgedeckt worden und haben später wieder dieselben Spannungen hervorgerufen.
Paula hat den sofortigen Ansturm der Familie auf Paris dadurch zurückhalten können, daß sie Worpswede während einer Italienreise von Mutter und Bruder verlassen hat. So gewinnt sie Zeit, um sich in Paris einzuleben und sich gegen die auf sie zukommenden Vorwürfe zu wappnen.
Aus dem Hotel Rue Cassette zieht Paula binnen kurzem wieder aus und nimmt sich ein Atelier in der Avenue du Maine, für das ihr der bulgarische Bildhauer, ihr Bekannter vom vergangenen Jahr, einfache Möbel aus Tannenholz anfertigt. Anfang März hat sie sich mit geringen Mitteln zum Bleiben eingerichtet.
In ihren Briefen an Otto spricht sie freundlich, aber unnachgiebig von Trennung. Damit ist Otto überhaupt nicht einverstanden. Um ihn haben sich inzwischen die Familie Becker und die Worpsweder Freunde, außer Clara Rilke, geschart, alle mit dem festen Vorsatz, Paula nach Worpswede zurückzuholen. Paula bekommt Briefe von Martha

und Heinrich Vogeler, von ihrer Mutter, von ihrer Schwester Milly.
Paula rechtfertigt sich, verteidigt sich. Sie kennt das ja von früher. Aber für krank erklären läßt sie sich nicht.

[21.5.1906]

... Liebe Martha Vogeler,
Ihr kleiner Brief hat mir viel Freude gemacht. Ich sehe daraus, daß Sie mich gerne leiden mögen und das thut immer gut ... Krank bin ich gar nicht, wie Otto Modersohn es meint. Ich bin fix und wohl und habe eine Riesenlust an meiner Arbeit ...

Eine kleine Reise nach St. Malo, die Otto der Schwester Herma finanziert, soll auch Paula zur Erholung dienen, sie von ihren Hirngespinsten heilen und in den Schoß der Familie zurückführen. Aber Paula ist wirklich nicht krank. Auch nach der Reise bleibt sie bei ihrem Entschluß.

[25.4.1906]

Lieber Otto,
Ich danke Dir vielmals für den schönen Gedanken. Ich wollte ja zuerst gar nicht mit, weil ich es eigentlich für überflüssig hielt, that es schließlich nur, um Herma die Freude nicht zu verderben. Wir beide sind sehr frisch und erfrischt und braun gebrannt nach Paris zurückgekehrt und ich habe schöne Gefühle und Gedanken über die Kunst, die ich von mir noch erhoffe ...

Paula ist seit ihrem Weggang aus Worpswede so gesund wie noch nie. Sie arbeitet zusätzlich zu ihrem Zeichenunterricht an der *Ecole des Beaux Arts* in jeder freien Minute lang an ihren wichtigsten Werken. Im Urlaub in St. Malo entsteht ein Porträt der Schwester Herma. Anschließend malt Paula in der Zeit vom 13. Mai bis 2. Juni Rainer Maria Rilke.
»Die Stärke, mit der ein Gegenstand aufgefaßt wird, das ist

die Schönheit in der Kunst.« Diese Aussage über Paulas Kunstauffassung, die sie am 8.3.1906 in ihrem Tagebuch festhält, gilt besonders für die Bildnisse, die sie von 1906 bis zu ihrem Tode malt.

Einen Freund zu malen und ihm gerecht zu werden, kompromißlos, hat etwas mit tiefem, beiderseitigen Vertrauen zu tun. »Überhaupt erlauben Sie mir bitte doch alles!« hatte Paula vor sechs Jahren an Rilke nach Berlin geschrieben, als ihre Freundschaft durch die Verlobung mit Otto Modersohn ein paar Sprünge aushalten mußte.

Rilke hat viel von Frauen für sich erwartet, aber er ist nicht der Mann, Frauen in ihrem eigenen Weg zu behindern. Er hat sich sein Bild gewiß anders vorgestellt, »schöner«. Und nun ist es ein wahres Bild geworden. Rilke erlaubt Paula alles.

Nicht umsonst hat Otto Modersohn Rilkes Verhalten mit Mißtrauen verfolgt. Otto wußte, daß Rilke Paula nicht in bürgerlichem Wohlverhalten bestärken, sondern daß er sie im Aufbegehren unterstützen würde.

Paula hat im April noch einen Künstler kennengelernt, der von ihrem Können überzeugt ist: Bernhard Hoetger. Der Bildhauer, der unvoreingenommen in Paulas Atelier ihre Arbeiten betrachtet und bewundert, weiß zunächst nichts von Paulas komplizierter Lebenssituation und nichts davon, daß sie gerade dabei ist, die völlige Loslösung von den Konventionen zu wagen. Er kann nicht voraussehen, wie sehr Paula sein positives Urteil braucht.

Die Begeisterung, mit der Paula ihre Erfolge und Hoetgers Zustimmung nach Hause meldet, stößt dort nicht auf Gegenliebe. Die Familie wird mit der für sie unerträglichen Tatsache konfrontiert, daß Paula es ernst meint. Diesmal läßt Paula sich nicht auf Krankheit als Problemlösung ein.

»Gieb mich frei ... Ich mag Dich nicht zum Manne haben«

Paula bricht nicht leichtfertig und unüberlegt aus ihrer Ehe aus. Am 8. März schreibt sie in ihr Pariser Tagebuch:

Im vergangenen Jahr schrieb ich: die Stärke, mit der ein Gegenstand aufgefaßt wird, das ist die Schönheit in der Kunst. Ist es nicht auch so in der Liebe?

Um ein Kind mit Otto zu haben, brauchte es für Paula eine starke Liebe. Die fühlt sie in Paris nicht mehr.

[9. April 1906]

Lieber Otto,
... Ich möchte jetzt auch gar kein Kind von Dir haben. – Es ist vieles von Dir, was alles in mir wohnte und was mir entschwunden ist ...

Ein Selbstbildnis, das sie als Schwangere zeigt, soll am 6. Hochzeitstag 1906 (25. Mai) entstanden sein. Unten rechts auf dem Bild ist eingeritzt: Dies malte ich mit 30 Jahren – an meinem 6. Hochzeitstag. P. B.
Es scheint so, als sei Paula nach ihrer St. Malo-Reise anderen Sinnes geworden. Doch es gibt Widersprüche. In der Zeit vom 13. Mai bis 2. Juni hat Paula das Bild von Rilke gemalt. Das Selbstbildnis wie auch spätere Akte und Halbakte, die Rundungen betonen und in der Konstruktion das Geschlossene, das Leben Umfassende darstellen, sind eher symbolhaft zu deuten.
Wenn Paula sich in diesem Selbstbildnis jedoch die Frage nach der Schwangerschaft gestellt hat, so liegt im Ausdruck des Gesichts, der Augen kaum Zustimmung, sondern eher Skepsis, Zweifel.

[Tagebuch 26. Mai 1906]

Wenn Ottos Briefe zu mir kommen, so sind sie wie eine Stimme von der Erde und ich selbst bin wie eine, die gestorben ist und in seligen Gefilden weilt...

Die Geschwindigkeit, mit der Paula in Paris Kontakte aufbaut, läßt vermuten, daß sie vielleicht Aussicht auf eine eigene Existenz hätte. Per Post hat Paula sich eine Zeitlang Ruhe vor dem großen Sturm aus der Heimat verschafft. Nun kann die Familie nicht mehr stillhalten.
Am 2. Juni sitzt Rilke zu seinem Porträt bei Paula im Atelier Avenue du Maine. Die Sitzung wird durch das unerwartete Eintreffen von Otto Modersohn unterbrochen.
Eine Woche lang geht es um Worpswede, um das alte Leben, und Paula hat noch nicht viel von dem neuen gehabt. Wenn Paula nach Hause zurückkehrt, soll sie alles haben, »keine öden Winter mehr, Freude und Paris. – Alles, alles, wenn ich sie nur erst wieder habe!« verspricht Otto.
Paula hat in Paris schon alles, was sie braucht. Als sie sich ihre Emanzipation ermalt hat, ist sie künstlerisch nach Paris geraten, weil es in Worpswede für sie keine Entwicklung gibt. Nun will sie Kunst und Leben in Übereinstimmung bringen. Sie hält den Widerspruch, künstlerisch emanzipiert und persönlich abhängig zu sein, nicht mehr aus.
Paula hat gelernt, daß ihre Emanzipation nicht von Otto abhängt. Was sie nicht gelernt hat: ihre Emanzipation hängt überhaupt nicht von Männern ab. Paula macht wieder den Fehler, der ihr bei der Ablösung vom Vater schon einmal passiert ist.
In der überschwenglichen Freude über Bernhard Hoetgers Anerkennung ihrer Kunst geht Paula davon aus, daß Hoetger anders ist als alle anderen Männer.

[5.5.1906]

Lieber Herr Hoetger,
Daß Sie an mich glauben, das ist der schönste Glaube von der ganzen Welt, weil ich an Sie glaube. Was nützt mir der Glaube der andern, wenn ich doch nicht an sie glaube. Sie haben mir Wunderbarstes gegeben. Sie haben mich selbst mir gegeben ...

Otto kann Paula in ihrem künstlerischen Selbstverständnis und damit auch in ihrer Orientierung nach Paris nicht erschüttern. Hoetger und Rilke aber sind zu erschüttern. In dem Moment, als Otto Modersohn in Paris auftaucht und die Männer befürchten müssen, in Eheangelegenheiten hineingezogen und verantwortlich gemacht zu werden, ist es vorbei mit der männlichen Unterstützung für eine Frau.
Paula hat Ottos Wünschen nicht nachgegeben.
Aber Rilke kommt nicht mehr zu Porträtsitzungen, obwohl sein Bild noch nicht vollendet ist. Rilke hat keine Zeit, sagt er, die Arbeit, sagt er, hält ihn davon ab, Paula zu besuchen. Er ist, schreibt er,

während dieser vierzehn Tage [seit dem 2. Juni] in allerlei Arbeit hineingeraten, so daß ich Ihnen jetzt nicht sitzen kann. Ich gehe früh oft nach der Nationalbibliothek, gerade für die Zeit, die ich Ihnen zu geben versuchte.

Und er fragt: »Ist das sehr schlimm?«
Rilke in Paris erfährt von Clara aus Worpswede, daß Otto aus Paris wieder abgereist ist, und meldet sich brieflich bei Paula.

... Über Worpswede höre ich, daß Sie wieder allein sind, und wünsche Ihnen Liebes dazu. Daß die Arbeit Sie wieder ganz warm aufnehme und vieles entgelten möge ...

Natürlich muß Paula ihre Trennungsentscheidung selbst treffen. Aber sie steht plötzlich ganz alleine da, ohne Freunde. – Rilke hat keinen Mut, gegen den Ehemann, gegen den Bruder von Paula, gegen den ganzen Becker-Clan für Paula auf die Barrikaden zu gehen.
Paulas Wunsch, mit Rilke, Clara und der kleinen Tochter Ruth Sommerferien am Meer zu verbringen, mag Rilke nicht mehr zustimmen. Er macht Paula andere Urlaubsvorschläge und reist Ende Juli aus Paris ab.
Es sind durchaus freundliche Mittel, mit denen Paula bewogen werden soll, von Paris nach Worpswede zurückzukehren.
Vierzehn Tage nach Ottos mißlungenem Besuch in Paris erhält Paula von ihrer Mutter einen Brief, in dem von einem plötzlichen Interesse einer Frau Brockhaus an Paulas Bildern die Rede ist.

[22.6.1906]

Dann holte uns Otto ab und brachte uns in sein Atelier wo auch Deine Stilleben ausgestellt waren. Und dann gings wie aus der Pistole geschossen als Deine Äpfel mit der Banane vorn Tag kamen. »Was kostet das?« Hundert Mark. »Das möchte ich bitte.« Und so hast Du Deine sämtlichen Äpfel auf den Markt gebracht, da Heinrich Vogeler die Äpfel mit dem grünen Glas erworben hat.

Heinrich Vogeler will zwei weitere kleine Bilder bei Franz und Philine Vogeler, die 1905 ein Kunst- und Gewerbehaus in Worpswede gegründet haben, mit ausstellen.
Paula reagiert gelassen auf das Interesse, das während ihrer Abwesenheit in Worpswede für ihre Kunst entstanden ist. Sie freut sich aber über das Geld, das sie in Paris gut brauchen kann.
Anfang August wohnen Hoetgers auf dem Lande in Burs bei Paris. Dort entstehen während eines Besuches von Paula

Konzepte oder Anfänge von Porträts der Frau Hoetger. Bis zum 12. August malt Paula die Bilder fertig. Sie entwickelt wohl gemeinsam mit den Hoetgers die Idee, eine Weile aufs Land zu ziehen, bis sie die nötige Anzahl Bilder fertiggestellt hat, um ausstellen zu können oder um einen Kunsthändler zu interessieren.
Daß Paula wieder wohlauf ist, mit neuer Schaffenskraft malt und von Hoetgers fürsorglich betreut wird, ist für Otto und die Familie eine beängstigende Nachricht.
Eine starke Paula wird nicht zurückkehren.
Unter den Männern Modersohn und Hoetger muß ein Briefwechsel wegen Paulas Plänen stattgefunden haben, in dem auch Paulas künstlerische Fähigkeiten zur Sprache gekommen sind; denn am 10. August schreibt Hoetger fast eine Verteidigungsschrift an Otto:

... Wenn ich Ihrer Frau ein Lob spendete, so gab ich stets aus natürlichem und wahrem Drange den Nachsatz hinzu: denn wir können immerhin nur das große Talent Ihrer Frau als eine noch ungepflegte Mitgabe betrachten, die erst Blüten tragen kann, wenn ernste seelische Conflicte ihr die gute Pflege erkennen lassen und ruhiges Denken sie zur Anwendung derselben treibt. Sie sehen, lieber Modersohn, wie ich darüber denke, daß mein Lob nur dazu dienen soll, ihr Kraft zur Erwerbung ihrer Ziele zu geben.

Paula hat Hoetgers Engagement für ihre Interessen überschätzt.
Am 3. September macht Paula den letzten Schritt nach vorn.

Lieber Otto,
Die Zeit rückt näher, daß ich denke, daß Du kommen könntest. Nun möchte ich Dich bitten um Deinet- und meinetwillen: Erspare uns Beiden diese Prüfungszeit. Gieb mich frei, Otto. Ich mag Dich nicht zum Manne haben. Ich mag es

nicht ... Ich muß Dich noch bitten, mir ein letztes Mal Geld zu schicken. Ich bitte Dich um die Summe von fünfhundert Mark. Ich gehe für die nächste Zeit aufs Land. So schicke es bitte an B. Hoetger, 108 Rue Vaugirard. In dieser Zeit will ich Schritte thun, meine äußere Existenz zu sichern ...

Paula handelt konsequent im Sinne ihrer Emanzipation, und ihre qualifizierte Arbeit hat auch Aussicht, in Paris akzeptiert zu werden.
Das Hindernis, das sich ihr sechs Tage später in den Weg stellt, hat sie sich selbst ausgesucht.
Auch Bernhard Hoetger will nicht unmittelbar an Paulas Emanzipation beteiligt sein. Er »predigt« einen Abend lang in Paula hinein, um sie von ihrem Entschluß wieder abzubringen. Und Paula schreibt an Otto einen Brief:

[9. September 1906]

Lieber Otto,
Mein herber Brief war aus einer großen Verstimmung heraus geschrieben ... Auch war mein Wunsch, kein Kind zu bekommen, doch ganz vorübergehend und stand auf schwachen Füßen ... Es thut mir hinterher leid, ihn geschrieben zu haben. Wenn Du mich überhaupt noch nicht aufgegeben hast, so komme bald her, daß wir uns versuchen wieder zu finden ...

»Überall fühltest Du Sicherheit«

Ende Oktober gibt Paula ihr Atelier Avenue du Maine auf und zieht mit Otto, der inzwischen nach Paris gekommen ist, an den Boulevard Montparnasse. Zum Geburtstag der Mutter Anfang November schreibt Paula, daß sie durch den Umzug, durch Ottos Anwesenheit und durch den Besuch der Vogelers aus ihrer Arbeit herausgerissen worden und nicht sehr froh sei.
Ihre Mutter meldet am 11. November eine Überraschung. Vier Bilder von Paula (das Stilleben mit dem Bambino, das Apfelstilleben, das schlafende Kind und der Mädchenkopf mit schwarzem Hut) sind innerhalb einer Ausstellung im Oberlichtsaal der Bremer Kunsthalle unter den Arbeiten von Overbeck, Am Ende und Otto Modersohn zu sehen. Der Assistent des Direktors der Kunsthalle, Dr. Waldmann, vermutet die Mutter, sei wunderbarerweise auf Paulas Bilder aufmerksam geworden, die ihn »mächtig« interessierten.

[Bremer Nachrichten vom 11.11.06]
... Mit ganz besonderer Genugtuung begrüßen wir diesmal einen nur allzu seltenen Gast in der Kunsthalle in Paula Modersohn-Becker ...
Leider wird, wie ich fürchte, ihr ernstes und starkes Talent auch jetzt unter dem großen Publikum nicht viele Freunde finden. Es fehlt ihr so ziemlich alles, was die Herzen gewinnt und dem flüchtig hinblickenden Auge schmeichelt ... Wer die Stilleben und den Mädchenkopf von Paula Modersohn als häßlich, brutal an den Pranger stellt, wird auf ein beifälliges Kopfnicken vieler Leser mit Sicherheit rechnen dürfen ...
Gustav Pauli

Paula freut sich nicht besonders über die Anerkennung, die ihr in Bremen zuteil wird.

[An Milly, 18.11.1906]

... Die Freuden, die überwältigend schönen Stunden, kommen in der Kunst, ohne daß es die anderen merken. Mit den traurigen geht es ebenso. Darum lebt man in der Kunst doch meistens ganz allein. ...

Als Rilke von Paulas »Rückkehr ins frühere Leben« erfährt, ist er erschrocken. Er habe Paula Unrecht getan, sei »unaufmerksam gewesen in einem Augenblick unserer Freundschaft, da ich es nicht hätte sein dürfen.« Rilke versteht, daß er Paulas Bitte nach der gemeinsamen Sommerreise hätte erfüllen sollen. »Hoffentlich ist alles gut so«, schreibt er an Paula, »mehr läßt sich nicht wünschen, aber wie sehr tue ich's.«
Paulas Familie ist davon überzeugt, daß alles gut ist. Sie möchte es aber auch gern von Paula hören.
Paula jedoch kann keine begeisterten Briefe schreiben und mag auch nichts mehr von ihrer Arbeit berichten.

[16.9.1906]

Meine liebe Schwester,
bitte, wende nicht mehr dieses goldene Mittel an, um etwas von mir zu hören. Ich danke Dir ja so vielmals für Deine Güte ... schicke mir nichts wieder ...

[21.2.1907]

Meine liebe Milly,
... Es hat Dich betrübt, daß ich Dir nicht über meine Arbeit schreibe. Liebe Milly, die Kunst ist schwer, endlos schwer. Und manchmal mag man gar nicht davon sprechen ...

Im Frühling kehrt Paula mit Otto nach Worpswede zurück. Sie ist schwanger.
Paulas Gefühl von Stärke und Schaffenskraft ist einer stillen Ergebenheit gewichen.

[An Milly, 18.11.1906]
... belohnt und bestraft werden wir für alles schon auf Erden ...

[29.1.1907]
... aber der Himmel oder das Schicksal lohnen jede gute Regung ... Ich finde, es bedarf gar keines Himmels und keiner Hölle ... Das ordnet sich hier schon höchst einfach auf unserer Erde ...

[An Rilke, 10.3.1907]
... Ich möchte ja gerne etwas Schönes, man muß nun abwarten, ob der liebe Gott oder das Schicksal es auch will...
Wenn wir nur alle in den Himmel kommen ...
Ich glaube ich bin mit meinem Leben zufrieden ...

[An Hoetger, Sommer 1907]
... Man kann nur immer wieder bitten: lieber Gott, mach mich fromm, daß ich in den Himmel komm ...

Paula im Zustand der werdenden Mutter ist der Familie vertrauter als Paula, die Künstlerin, die, ständig auf der Suche nach Veränderung, so unangenehme Bilder malt.
Endlich gibt es tiefere Berührungspunkte zwischen der Mutter, der Schwester Milly und Paula, endlich Gespräche über ein Thema, von dem die Mutter und die Schwester, die im März ihr erstes Kind erwartet, etwas verstehen.
In ihrer Freude möchten Milly und die Mutter Paula nur Gutes tun. Sie schicken Geld und Geschenke nach Paris und im Frühjahr nach Worpswede. Paula schreibt Dankesbriefe und möchte nicht alles annehmen, besonders nicht den großen Ohrensessel, den ihr die Mutter aus Bremen übersenden läßt: »... nein, nein, nein! Das geht nun gar nicht. Ich soll ja noch nicht Großmutter werden ...«
Paula mag auch die Ungeduld nicht, mit der die Verwandten auf die Geburt des Kindes warten, und sie mag es nicht, daß das »Ereignis« in alle Welt posaunt wird.

[An Milly, Oktober 1907]

... Auch schreibe mir nie eine Postkarte wieder mit »Windeln« oder »froher Nachricht«. Du weißt ja, ich bin eine Seele, die am liebsten die anderen Leute nicht wissen läßt, daß sie sich mit Windeln beschäftigt ...

In den Briefen an Clara und Rilke ist von dem anderen Leben, von Paris, von Arbeit, von den Künstlern Maillol, Rodin, Gauguin und vielmals von Cézanne die Rede.
Paula erbittet sich von Rilke den Katalog vom *Salon d' automne,* um die Ausstellung wenigstens aus der Ferne zu verfolgen.
Und Clara soll mit Rilkes Briefen nach Worpswede kommen, damit Paula keine Nachricht versäumt, die aus Paris und vom Kunstgeschehen dort berichtet.
Der kleine Satz zwischen den Zeilen: »Hoffentlich ist alles gut so«, den Paula am 10. 3. 1907 an Rilke schreibt und den Rilke in seinem Antwortbrief vom 17. 3. 1907 aufnimmt, drückt Paulas wirkliche Situation aus.
Paulas Mutter dagegen schildert voll Freude die Harmonie im Hause Modersohn, so wie sie sie bei einem Besuch erlebt.

[An Herma, 10. 5. 1907]

... Gestern war Himmelfahrts-Tag, ein recht himmlischer Himmelfahrtstag! Vor einem Jahr hätte ich nie geglaubt, daß ich noch einmal wieder in mein kleines Paradies zurückkehren würde. Aber es jammerte Gott, er machte ganz gleich so wie es gewesen! ...
Otto und Paula arbeiteten zusammen im Garten und kamen mit frohen Gesichtern herausgestürzt ...
Wieder eine frohe Stunde beim Kaffeetisch, dann mußte Paula ein bißchen allein sein, denn in der Frühe ist ihr stets ein bißchen flau und blümerant zu Mute. Dann trägt Otto sie auf Händen ...

Dann kam jemand auf dem Rade heran geflogen ... das war Kurt ...
Haben wir alle einen schweren Alpdruck gehabt und sind nun erwacht? ... Kurt war verklärt und machte seiner Paulaschwester den Hof aus allen Kräften. Sie war so überaus reizend, Güte und Schalkhaftigkeit atmend. Man hatte nie das Gefühl, hier sei etwas gekittet und geflickt, sondern überall fühltest Du Sicherheit...

Die große Einfachheit

Das Zeichnen ist ein wesentlicher Bestandteil von Paulas Kunst. Etwa tausend Zeichnungen sind im Verlauf ihres Lebens entstanden. Zeichnen, Lernen bedeutet für Paula weiterkommen, Neues probieren. Paula hat während ihres letzten Paris-Aufenthaltes gern wieder Zeichenkurse besucht. Noch wichtiger sind aber ihre Zeichenstunden in der Stadt, wo sie sich mit Häusern, Straßen, Menschen, Alltäglichkeiten vertraut macht, um heimisch zu werden.
Die Pariser Szenen von 1906 und auch die nachfolgenden Zeichnungen bis 1907 zeigen deutlich, wie Paula ihre Zielvorstellungen von der höchstmöglichen Vereinfachung erreicht. Paula hat in den kurzen Zeiten der selbsterrungenen Freiheit auch in ihrer Kunst die größte Freiheit gewagt. In der Kinderzeichnung gelingt es ihr überzeugend, ihre Idee von der Persönlichkeit künstlerisch so umzusetzen, daß das Individuelle Allgemeingültigkeit erhält. Je freier Paula konzipiert und realisiert, desto näher kommt sie ihrem Ziel. Der Betrachter kann nicht oberflächlich über das Bild hinwegsehen, sondern wird zu tieferer Wahrnehmung gedrängt. In ihrer letzten Schaffenszeit gelangt Paula mit sparsamsten zeichnerischen Mitteln zu einer starken Aussagekraft. Es ist unmöglich, Paulas Bilder mit einem einzigen Blick zu erfassen. Eine intensive Betrachtung jedoch provoziert dazu, sich auf das Dargestellte einzulassen und sich damit auseinanderzusetzen.
Paulas letztes Lebensjahr ist ein stilles Jahr. Ihre Wünsche und Träume lassen sich nicht mehr weiterverfolgen, und darüber hinaus fordert Paula nichts. »Ich ... brauche wenig Menschen und denke und fühle im Augenblick wenig...«, schreibt sie im Sommer 1907 an Rilke. Die Schwangerschaft bringt Paula nach Aussage ihrer Schwester Herma Störungen und Müdigkeit, die ihre Schaffenskraft lähmen.

Am Boden sitzender Halbakt, Kind mit Halskette, 1906
Kohle, 24,2 × 16,3 cm
Kunsthalle Bremen

[An Hoetger, Sommer 1907]
... Ich habe diesen Sommer wenig gearbeitet und von dem wenigen weiß ich nicht, ob Ihnen etwas gefallen wird ...

In aller Stille aber hat Paula doch ihre letzte Schaffensperiode zu einem Abschluß gebracht, so, wie sie es sich vorgenommen hatte.
Unter anderen Bildern hat sie ein Selbstbildnis gemalt, Paula im Halbakt mit Bernsteinkette.
Dieses Bild protestiert, während Paula im Leben nicht mehr aufzubegehren wagt. In ihrer Kunst hat es nie Kompromisse gegeben. Ein Selbstbildnis, halbnackt, ist in Deutschland um 1900 eine Provokation. In Form- und Farbgebung gehört dieses Bild nicht nach Worpswede, sondern zu den Modernen nach Paris, zu den Picassos und Cézannes.
Paula ist sich nach ihren Bremer Ausstellungserfahrungen darüber im klaren, daß ihre neuen Arbeiten keine Aussicht auf Veröffentlichung haben. So landet das Bild, wie die großen Porträts von Clara und Rainer Maria Rilke, auf dem Dachboden bei Brünjes. Es wird 1937 zusammen mit anderen Bildern von Paula als »entartet« beschlagnahmt.
Rilke hat um die Bedeutung dieses Bildes gewußt:

... Doch Frauen, denen es an Kraft gebricht, die kühnsten: sieh, sie nehmens lange und bieten's uns im wirksamen Gesicht.

Das Bild stellt eine selbstbewußte Frau dar, die sich die Freiheit nimmt, sich zurückzuziehen »mit Blumen in den Händen und im Haar«, wie Paula am 26. Juli 1900 in ihr Tagebuch schrieb, weil in Worpswede alle Wege zu Ende sind.
Am 20. November 1907 stirbt Paula kurz nach der Geburt ihrer Tochter Mathilde.
Aber in ihren Bildern ist Leben.

Selbstbildnis als Halbakt, um 1906
Leinwand, 61 × 50 cm
Kunstmuseum Basel

Quellenverzeichnis

G. Brinker-Gabler (Hrsg.): Die Frau in der Gesellschaft – Frauenarbeit und Beruf. Fischer Taschenbuch 1979

Günter Busch/Liselotte Reinken (Hrsg.): Paula Modersohn-Becker in Briefen und Tagebüchern. S. Fischer, 3. Auflage 1979

David Erlay: Vogeler und sein Barkenhoff. Verlag Atelier im Bauernhaus 1979

Norbert Fuerst: Rilke in seiner Zeit. Insel Verlag 1976

Carl-Georg Heise: Paula Becker-Modersohn – Mutter und Kind. Reclam Werkmonographien zur bildenden Kunst Nr. B 9062

Walter Hess: dokumente zum verständnis der modernen malerei. rowohlts deutsche enzyklopädie Nr. 19, rororo 1956

Rolf Hetsch (Hrsg.): Paula Modersohn-Becker – Ein Buch der Freundschaft. Berlin 1932

Hans-Egon Holthusen: Rilke. rororo monografie 22/1981

Birgit Knorr: Autorität und Freiheit – Das Liberalismus-Verständnis des Bildungsbürgertums im Kaiserreich und in der Weimarer Republik. Europäische Hochschulschriften Reihe III. Peter Lang Verlag, Frankfurt/M. 1976

Paula Modersohn-Becker – Zeichnungen, Pastelle, Bildentwürfe. Katalog des Hamburger Kunstvereins zur Ausstellung 1976.

Christa Murken-Altrogge: Paula Modersohn-Becker – Kinderbildnisse. R. Piper Verlag, München 1977, 2. Auflage

Christa Murken-Altrogge: Paula Modersohn-Becker – Leben und Werk. DuMont Buchverlag, Köln 1980

Gustav Pauli: Paula Modersohn-Becker. Kurt Wolff Verlag 1919

H. Wiegand Petzet: Das Bildnis des Dichters. Rainer Maria Rilke – Paula Becker-Modersohn. Eine Begegnung. insel taschenbuch Nr. 198

Otto Stelzer: Paula Modersohn-Becker. Rembrandt-Verlag Berlin 1958

H. Ulrich Wehler: Das Deutsche Kaiserreich 1871-1918. VR Kleine Vandenhoek-Reihe Deutsche Geschichte 9, 1973